TRAITÉ

DE

DROIT COMMERCIAL.

DANS LES DÉPARTEMENS ET A L'ÉTRANGER.

TOULOUSE,	LEBON, rue Saint-Rome. DELBOY, rue de la Pomme.
AIX,	AUBIN ET RICHAUD.
CAEN,	MANCEL.
DIJON,	LAMARCHE ET DECAILLY.
GRENOBLE,	PRUDHOMME.
RENNES,	BLIN.
STRASBOURG,	LAGIER ET DRACH.
MARSEILLE,	Mme CAMOIN.
BORDEAUX,	LAWALLE.
NANTES,	GUÉRAUD.
LYON,	GOURDON.
GÈNES,	ANTOINE BŒUF.
TURIN,	BOCCA.
ROME,	MERLE.

CORBEIL. — IMPRIMERIE DE CRÉTÉ.

TRAITÉ

DE

DROIT COMMERCIAL

OU

EXPLICATION MÉTHODIQUE DES DISPOSITIONS DU CODE DE COMMERCE,

PRÉCÉDÉ

D'UNE INTRODUCTION HISTORIQUE,

ET SUIVI

DU TEXTE DE LOIS, ORDONNANCES ET RÈGLEMENS QUI SE RATTACHENT AU CODE DE COMMERCE;

PAR M. J.-V. MOLINIER,

Ancien procureur du roi, avocat à la Cour royale, professeur suppléant à la Faculté de Droit de Toulouse.

TOME PREMIER.

Paris,

JOUBERT, LIBRAIRE-ÉDITEUR,

Rue des Grès, 14, près de l'École de Droit.

1841

PRÉFACE.

L'importance du droit commercial ne peut qu'être généralement sentie à une époque à laquelle l'industrie absorbe toutes les idées et ouvre aux sociétés un nouvel avenir. La puissance sociale, jadis attachée au sol, passe aux capitaux mobiliers. La propriété mobilière prend de jour en jour une extension qui créé de nouveaux rapports et qui nécessite de nouvelles solutions.

Au sein de cette transformation sociale, le travail du jurisconsulte doit nécessairement prendre une direction nouvelle. L'étude des lois et des statuts qui régissent le sol faisait autrefois l'objet principal de ses méditations : les questions industrielles absorberont bientôt la majeure partie de ses instans, et l'application journalière des lois qui régissent les intérêts commerciaux reportera ses travaux vers une branche du droit dont l'étude ne doit plus être négligée.

C'est sous l'impression de ces idées que j'essaie la publication d'un nouveau travail sur le code de commerce. Des écrits, dont j'aime à proclamer hautement le mérite, ont sans doute déjà élaboré cette partie importante de notre droit; mais les progrès rapides de l'industrie dévancent les légistes et amènent tous les jours des points de vue nouveaux, qui doivent faire l'objet de leurs méditations. Le législateur s'est vu déjà contraint de remanier plusieurs fois les parties les plus importantes du code de commerce et de satisfaire à des besoins impérieux en créant des théories nouvelles. Le droit commercial offre donc des matières neuves, qui peuvent être élaborées avec utilité. Au reste, lorsqu'on compare le petit nombre de livres que nous possédons sur ce droit, aux monceaux de richesses qu'offrent les autres branches de la science, on est tenté de penser que l'importance de la législation particulière qui régit le commerce, n'a pas été suffisamment sentie jusqu'à ce jour : j'ai donc cru me livrer à un travail qui, à défaut d'autre mérite, aurait au moins celui de l'actualité, en entreprenant la publication d'un nouveau traité sur cette partie de notre droit.

En me mettant à l'œuvre, j'ai d'abord eu à arrêter le plan que je devais adopter. La forme du TRAITÉ m'a paru la seule convenable pour un ouvrage dans lequel je me proposais d'exposer des théories tout en me livrant à des développemens pratiques. J'avais d'abord conçu la pensée de renfermer dans un cadre méthodique tout le droit applicable au commerce; mais j'aurais été amené à faire de trop nombreuses incursions dans le champ du droit civil et du droit administratif. Je me serais écarté trop fréquemment du but que j'avais en vue, celui d'exposer les principes formulés dans le code de commerce. J'ai donc jugé convenable de suivre les divisions générales adoptées par le législateur lui-même, qu'on trouve d'ailleurs rationnelles dans leur ensemble, lorsqu'on considère que ce code n'embrasse qu'un droit exceptionnel et tout spécial.

En adoptant cette première base, j'ai cru pouvoir réunir les avantages qu'offre un TRAITÉ à ceux qu'offre un COMMENTAIRE. En suivant l'ordre logique des idées sans être enchaîné par l'ordre des articles qu'offre chaque titre, on peut aisément généraliser les principes et les produire sous une forme synthétique qui le grave dans l'esprit avec facilité et qui permette d'en suivre les conséquences sans effort. Arrivant par cette voie aux textes qu'on classe dans un cadre déjà tracé, on a recours à l'analyse pour en peser les termes et pour en faire jaillir les détails d'application. Exposition synthétique des principes; analyse et application des textes, telle est la méthode que j'ai adoptée pour l'enseignement et dont j'ai tâché de ne pas m'écarter en écrivant cet ouvrage.

Des sommaires placés en tête de chacune de mes divisions rendront les recherches pour la pratique aussi faciles que si on les faisait dans un commentaire, et offriront un résumé de mes doctrines à ceux qui se livrent à des études théoriques. Je n'ai fait des transpositions de matière d'un titre du code de commerce à un autre titre de mon ouvrage, que lorsque l'enchaînement rationnel des idées m'en a imposé l'absolue nécessité.

Souvent j'ai eu recours à des exemples pour mieux faire comprendre la règle et pour en vérifier l'exactitude. L'expérience m'a démontré l'utilité de cette marche, qui familiarise avec l'application pratique du droit.

J'ai constaté dans des notes la doctrine des auteurs et la jurisprudence pour faire connaître l'état actuel des opinions sur les questions controversées et afin que les solutions, que j'ai toujours données avec indépendance, pussent être mieux appréciées. Les lois romaines, les anciens auteurs, m'ont quelquefois offert des documens précieux que je n'ai pas négligés. J'ai souvent rapproché les dispositions des codes étrangers de celles du nôtre, parce que l'étude des législations comparées est appelée à faire faire de grands progrès à la science du droit et offre un intérêt tout spécial dans les matières commerciales. J'ai ainsi pu aborder les questions de droit international qui se présentent le plus fréquemment dans la pratique, en les posant sur des textes.

J'ai enfin tenté d'éclairer la science du droit commercial par l'HISTOIRE qui remonte aux origines des institutions sociales, et par l'ÉCONOMIE POLITIQUE qui montre les lois selon lesquelles s'opèrent la production et la distribution des richesses au sein des sociétés.

Les lois n'offrent que l'expression des faits sociaux ; elles se formulent, se modifient et progressent à mesure que ces faits se sont modifiés et ont progressé eux-mêmes. L'histoire peut seule donner des notions exactes sur chaque principe, en le prenant à sa naissance et en le suivant dans ses différentes phases de progrès, jusqu'à l'époque à laquelle il s'est formulé dans les codes qui nous régissent. Isoler les travaux du jurisconsulte de ceux du philosophe et de l'historien, c'est renfermer la science du droit dans les bornes étroites d'une casuistique qui ne porte plus que sur des mots, et qui ne saurait satisfaire la raison. Le droit commercial surtout ne sera jamais sainement entendu sans le secours de l'histoire. Rien ne m'a paru plus intéressant que l'étude de ses origines qui présentent une mine fructueuse pour la science.

Les principes qu'offre l'ÉCONOMIE POLITIQUE peuvent aussi éclairer le jurisconsulte sur les intérêts généraux, pour lui montrer le vrai point de vue d'utilité qui fournit, avec l'équité, le principe régénérateur du droit. Ce n'est que par l'étude des faits économiques qu'on peut acquérir des idées exactes sur les opérations de banque, sur le commerce des marchandises et sur le commerce de transport.

Je me suis un peu étendu dans le premier titre pour présenter des aperçus généraux sur l'ensemble du commerce, avant d'en venir aux dispositions particulières qui font l'objet du reste de l'ouvrage : il fallait, d'ailleurs, tracer avec quelque détail les limites qui séparent les matières commerciales de celles qui ne sont régies que par le droit civil.

En adoptant ce plan et en écrivant cet ouvrage, mon but a été de payer un tribut à une science que j'aime, et de seconder, autant que mes faibles forces peuvent me le permettre, les généreux efforts d'une jeunesse qui se complaît dans des études profondes et variées. Heureux si mon travail peut être accueilli avec une bienveillante indulgence, et si les efforts que j'ai faits pour être utile peuvent obtenir quelques succès.

INTRODUCTION HISTORIQUE.

L'humanité nous offre deux faits qui ont établi sans cesse des rapports entre les peuples, la guerre et le commerce. La guerre, expression de l'instinct et de la force matérielle, a mélangé les nations et les a renouvelées, en substituant l'énergie des peuples barbares à la faiblesse de ceux que le luxe, la dépravation des mœurs et l'égoïsme avaient énervés. Le commerce, expression de l'activité humaine et de l'intelligence, conséquence de la sociabilité et du droit de propriété, a renversé les barrières qui séparaient les peuples, et s'est tracé des routes à travers toutes les parties de la terre, pour conquérir et pour répandre le bien-être par le travail, seule source légitime de prospérité et de richesse.

Avant d'exposer les règles qui régissent aujourd'hui notre commerce, je dois jeter un coup d'œil rétrospectif vers les temps passés : la science du droit s'enchaîne dans une succession des faits historiques, et la plupart des dispositions que j'aurai à expliquer n'offrent que l'expression des traditions que l'expérience et la sagesse formulèrent en principes dans des vues d'utilité commune.

Le droit commercial, éminemment coutumier, s'est établi de lui-même, par la pratique du négoce et par l'assentiment constant et unanime des commerçans, qui prirent pour loi dans leurs opérations et dans leurs jugemens ce que l'intérêt commun devait leur faire généralement observer. Ces règles se trouvèrent ainsi constatées par la pratique journalière du commerce et par les décisions des tribunaux. Elles furent, à diverses époques, formulées dans des recueils de coutumes rédigés soit par des particuliers, soit par des corporations. Plus tard les souverains qui voulurent donner des lois au commerce, trouvèrent dans ces coutumes l'expression des faits commerciaux, et n'eurent qu'à définir et à règlementer les institutions dont à la fois elles attestaient la nécessité et coordonnaient l'existence.

C'est donc entreprendre un travail intéressant et utile, que de remonter aux origines du droit commercial, de vérifier comment il s'est formulé en dehors du droit commun, comment les mœurs et les besoins de chaque époque l'ont modifié et accru à mesure que le commerce a reçu des développemens nouveaux, et comment il est enfin venu s'exprimer dans nos codes modernes.

L'histoire de la législation commerciale ne saurait être entièrement séparée de celle du commerce, car les principes ne sont que l'expression synthétique des faits. Je vais donc essayer de donner un rapide aperçu de la marche du commerce à travers les âges, et des règles juridiques que chaque époque nous a léguées, pour montrer comment nos institutions émanent du passé. Les bornes qui me sont assignées par la nature de cet ouvrage ne me permettront que de tracer une faible esquisse d'un immense et riche tableau. Toutefois, le seul but qu'il me soit permis d'avoir en vue serait rempli, si je pouvais signaler l'intérêt qu'offre l'étude de l'histoire de la législation commerciale, et si cet essai pouvait inspirer à d'autres l'heureuse pensée d'explorer plus profondément cette branche de l'histoire de notre droit.

Afin de tracer un cadre méthodique, je diviserai en quatre phases historiques ce que je me propose de dire sur le commerce et sur le droit spécial auquel il a donné naissance. La *première* phase comprendra le commerce et la législation commerciale des *peuples anciens*. La *seconde* aura pour objet le commerce et la législation commerciale du *moyen âge*. La *troisième* partira de la *découverte de l'Amérique* et de la *découverte du passage aux Indes* par le sud de l'Afrique, pour se prolonger jusqu'à la révolution de 1789. La *quatrième* comprendra les temps qui se sont écoulés *depuis* 1789 jusqu'à l'*époque actuelle*.

I.

COMMERCE DE L'ANTIQUITÉ. — LÉGISLATION COMMERCIALE DES ANCIENS PEUPLES. — *Code Théodosien.* — *Code de Justinien.* — *Basiliques.* — *Lois Rhodiennes* (1).

A côté des nations guerrières qui étendirent leur domination par la conquête et qui portèrent dans des contrées éloignées le ravage et la destruction, l'histoire des sociétés antiques nous laisse voir des nations adonnées au commerce, qui fondent des colonies, qui bâtissent des villes, qui acquièrent d'immenses richesses, qui parcourent des pays lointains et qui équipent des flottes pour porter les produits de la nature et de leur industrie dans toutes les parties du monde alors connu. C'est sur les rives de la Médi-

(1) Les recueils dont nous venons d'énoncer les titres ont été rédigés au moyen âge. Nous avons dû nous en occuper dans cette première partie, parce qu'ils nous ont transmis les traditions commerciales des peuples anciens. Notre division n'est pas uniquement basée sur l'ordre des temps, elle est plutôt basée sur l'ordre des événemens et sur la succession des peuples.

terranée, si heureusement situées pour mettre en rapport les peuples de l'ancien continent, que l'histoire nous montre le centre et l'entrepôt du commerce de l'antiquité. Les produits des riches contrées du midi de l'Asie, de l'est et du nord de l'Afrique arrivaient par terre et par les fleuves sur ses rivages où s'élevaient des cités florissantes, qui les chargeaient sur leurs flottes, qui les transportaient dans des entrepôts, d'où ils pénétraient, par l'intérieur des terres, dans tous les lieux où le besoin s'en faisait sentir. Sur les rives de la Syrie, Sidon et Tyr étalaient des richesses qu'attestent les descriptions pompeuses des prophètes (1); Palmyre montre encore au milieu du désert ses magnifique ruines, pour témoigner à la fois et de la prospérité qu'elle dut au commerce, et de la puissance destructrice de la

(1) Isaïe appelle Tyr le marché des nations, XXIII, 3. — Ezéchiel offre une description du commerce de Tyr qu'on met à juste titre au nombre des documens les plus précieux sur le commerce de l'antiquité. « O Tyr, s'écrie-t-il, tu as pu te dire avec complaisance : Je suis belle, et je me pose comme un magnifique vaisseau au sein des mers. Les peuples voisins qui t'ont construite t'ont décorée de toutes leurs richesses. Leurs navires ont fourni les sapins de Sanir qui ont servi à construire tes flancs ; les cèdres du Liban forment tes mâts ; les chênes de Basan ont été mis en œuvre pour te fournir des rames ; l'Égypte a tissé tes voiles avec ses lins les plus fins. La pourpre et la couleur hyacinthe d'Élisa font resplendir tes pavillons. Tu as pour rameurs ceux de Sidon et d'Arad ; tes sages te servent de pilotes. Les anciens et les hommes les plus habiles de Guibal t'ont fourni des matelots. Tous les navires de la mer et tous les mariniers sont venus commercer avec toi. La Perse, la Lydie et la Libye garnissent ton armée de leurs guerriers. Les peuples de Carthage fournissent tes marchés d'argent, de fer, d'étain, de plomb et d'une multitude de produits. Les Grecs, ceux de Tubal et de Mosoch sont devenus tes facteurs ; ils pourvoient tes marchés d'esclaves et de vases d'airain. Ceux de la maison de Thogorma font valoir tes foires en chevaux, en mulets et en cavaliers. Les enfans de Dédan trafiquent aussi avec toi ; ton commerce s'étend dans des îles nombreuses, et tu reçois en échange de tes marchandises des dents d'ivoire et de l'ébène. Les Syriens, attirés sur tes marchés par leur richesse, y ont exposé en vente des perles, de la pourpre, des broderies, du lin, de la soie, et toute sorte de marchandises précieuses. Juda et les pays d'Israël te fournissent des blés, du baume, du miel, de l'huile et de la résine. Les marchands de Damas

guerre et du temps. Alexandrie, fondée en Égypte par le vainqueur de l'Asie, devint le centre du commerce du monde, et peut être encore appelée à de hautes destinées. Sur les rivages du nord de l'Afrique, Carthage, qui eut le tort de vouloir imposer aux autres nations son commerce par les armes, fut la rivale de Rome, et lutta pendant plusieurs siècles, avec ses armées mercenaires, contre la valeur d'un peuple guerrier. Vers l'autre rive de la Méditerranée, Rhodes acquit par son commerce une haute renommée : ses lois maritimes, dont Cicéron vantait la sagesse (1), méritèrent d'être adoptées par Rome, et furent commentées par les plus célèbres jurisconsultes de cette reine du monde antique. En Grèce, Corinthe fut un entrepôt important, et acquit de la célébrité par ses immenses richesses qui devinrent la proie des Romains (2). Dans la Gaule, Marseille, fondée par une colonie de Phocéens, répandit le bien-être et la civilisation dans nos contrées, fut la plus fidèle alliée du peuple romain qui admirait ses institutions, et fit un com-

viennent t'acheter tes produits et t'apporter leurs richesses, leur vin exquis et leur laine d'une nuance éclatante. La tribu de Dan, les peuples de la Grèce et ceux de Mosel ont offert dans tes marchés des fers ouvrés, et tu leur as vendu la casse et les aromates. L'Arabie et les princes de Kédar ont commercé avec toi et t'ont amené leurs agneaux, leurs béliers et leurs chèvres. Les marchands de Saba et de Réema ont vendu et acheté sur tes marchés qu'ils ont pourvus de tous les parfums les plus rares, de pierres précieuses et de leur or. Haran, Chéné et Eden prennent aussi part à ton commerce ; Saba, Assur et Kelmad t'apportent des balles d'étoffes teintes en couleur hyacinthe, des ouvrages de broderie, des cassettes renfermant des objets précieux et des bois de cèdre. Tes navires ont répandu au loin ton commerce, et la renommée de tes richesses et de ta gloire s'est élevée au sein des mers. »

Après avoir ainsi tracé ce magnifique tableau, le prophète prédit d'une voix non moins éloquente la chute de cette cité opulente, et annonce qu'un jour le nautonier fera entendre des plaintes lugubres sur ses silencieuses ruines englouties sous les flots.

(1) *Pro lege Maniliâ*, § 54.

(2) La ruine de Corinthe date de la même année que celle de Carthage. Son heureuse situation en avait fait la ville la plus commerçante et la plus

merce étendu avec l'Italie, l'Asie Mineure, la Syrie et l'Égypte.

Rome ne produisait que des armées, et laissait le commerce aux nations qu'elle avait vaincues. Elle n'acquit des richesses que par le pillage, par la spoliation et par les tributs qu'elle imposa aux autres peuples. Le symbole du droit et de la propriété, c'était, chez les Romains, la lance du guerrier (1). Le mode d'acquisition le plus légitime, c'était la conquête (2). Ses fiers citoyens honoraient l'agriculture et dédaignaient le commerce, qu'ils faisaient exercer par leurs esclaves (3). La victoire fut la source de leurs richesses, qui leur inspirèrent du goût pour les beaux-arts et pour le luxe. Rome, devenue la capitale de l'univers, se remplit d'une population immense, que les empereurs nourrissaient dans l'oisiveté et qui consommait sans rien produire. Les débauches, le luxe et les prodigalités de ses grands effrayèrent le monde qui fournissait pour leurs saturnales les produits de toutes ses contrées. L'Asie envoyait ses belles laines, ses riches étoffes, sa pourpre, ses épiceries, ses perles, ses pierreries; l'Arabie envoyait ses parfums, la Sicile et l'Afrique, des blés; l'Espagne, son miel et ses mé-

---

riche de la Grèce. Rome s'enrichit de ses dépouilles. (V. HUET, ancien évêque d'Avranches, *Histoire du commerce et de la navigation des anciens*, ch. XXXIII; 1 vol. in-12, Paris, 1716, 2e édit.)

(1) GAÏUS, Institut. IV, § 16.

(2) « Omnium enim maximè sua esse credebant quæ ex hostibus cepissent. » *Id. eod.* §.

(3) DIONYSIUS HALYCARNASEUS, lib. II, § 28. (V. HEINECCIUS, *Antiquitates romanæ*, lib. IV, tit. VII, § 1er. — JULLIEN DU RUET, *Tableau chronologique et moral de l'histoire universelle du commerce des anciens*, p. 758; 1 vol. in-4°, Paris, 1809.)

« Que peut-il sortir d'honorable d'une boutique? disait CICÉRON; le commerce est chose sordide quand il est de peu d'importance, car les petits marchands ne peuvent pas gagner sans mentir; c'est un métier tout au plus tolérable quand on l'exerce en grand et pour approvisionner le pays. » *De Officiis*, lib. 1, § 42.

taux ; l'Italie et la Gaule, des vins et des huiles ; la Grèce, ses objets d'art et de goût ; l'Afrique, son ivoire, ses lions, ses tigres, ses panthères, qui ornaient les triomphes des généraux romains et qui amusaient la populace de Rome dans les jeux sanglans de ses cirques. Elle donnait, en retour, l'or et l'argent provenant des spoliations commises à la guerre, des tributs imposés aux vaincus, des rapines de ses proconsuls et de l'usure honteuse que les puissans faisaient subir au peuple (1).

Envahie par les mœurs et par les idées de l'Orient, Rome vit plus tard la politique de Constantin lui ravir le siége de l'empire pour le transférer à Bysance. Sous une autre domination que celle des Romains, cette cité si heureusement placée entre l'Europe et l'Asie eût pu devenir à la fois pour le monde un centre de politique et de commerce ; mais les Romains, après avoir placé les peuples sous leur joug par la force, n'avaient pas reçu de la Providence la mission de les civiliser par le travail et par l'industrie. L'empire avait à défendre ses vastes frontières par les armes, et bien des siècles devaient encore s'écouler avant que le génie du commerce dût dominer dans le monde au-dessus de celui de la guerre.

En résumant les données que nous possédons sur les anciens peuples, on constate que leur industrie manufacturière n'avait reçu quelque développement qu'en Asie et en Afrique. Leur commerce avait principalement pour objet d'amener les productions de ces deux parties du monde dans les différens lieux de l'Europe où elles étaient demandées. Les sciences physiques n'avaient fait parmi eux aucun de ces progrès qui ont amené l'homme à s'emparer des forces aveugles de la nature pour en appliquer l'emploi aux besoins sociaux. Leurs machines grossières et imparfaites étaient

---

(1) V. *l'Histoire de l'économie politique* du vicomte Alban de Villeneuve Bargemont, t. I, chap. VI ; Paris, 1841, 2 vol. in-8°.

mises en jeu par des esclaves, et ne donnaient qu'une faible extension à la production, qui ne s'opérait qu'à force de bras (1). Les transports s'exécutaient en grande partie par terre; la navigation servait de prolongement et de débouché au commerce continental. Les marchandises, transportées sur des bêtes de somme, et surtout sur le chameau, ce navire du désert, suivaient des routes continentales qui les amenaient de l'Asie en Afrique et en Europe. Les marchands voyageaient en caravanes et se trouvaient, à des époques fixes, dans des lieux où ils exerçaient leur trafic. La navigation se bornait au cabotage, et les marins, qui ne pouvaient avoir que les astres pour guides, ne se hasardaient en pleine mer que dans le but d'éviter des courans et des écueils, ou pour de très-courts trajets, qui ne les éloignaient que momentanément des rivages. Les limites du monde connu retenaient d'ailleurs les navigateurs le long des côtes de la Méditerranée, du Pont-Euxin, de l'océan Indien, du golfe Persique et de la mer Rouge. La découverte de l'Amérique séparée par l'immensité des mers des autres parties de la terre, pouvait seule donner un immense développement au commerce maritime.

Le commerçant voyageait avec ses marchandises. Ses spéculations avaient principalement pour objet les bénéfices

(1) « La science ayant dédaigné de faire descendre ses applications jusqu'à l'industrie, les machines étaient à peu près inconnues. Dans les mines, on faisait les épuisemens uniquement à bras d'homme. Les puits des jardins de Suze, dont l'eau était élevée au moyen de roues mises en mouvement par des bœufs, passaient pour des merveilles. Les meules dont on se servait pour la presse des olives et la moûture des grains n'étaient généralement mises en mouvement qu'à force de bras. Strabon et Vitruve qui, les premiers parmi les anciens, parlent des moulins à eau, le font plutôt comme d'une chose connue de la science que pratiquée par l'industrie. A défaut de machines, celle-ci suppléait par le grand nombre des travailleurs, par les fatigues et les privations qu'elle leur imposait. » (DE SAINT-PAUL, *Discours sur la constitution de l'esclavage en Occident*, p. 28.)

à faire par l'achat, la revente ou le troc des denrées et des objets manufacturés. Le trafic des esclaves formait l'une des branches les plus importantes du commerce, et procurait de grands bénéfices (1). Le commerce de l'argent, qui a reçu une si grande extension parmi nous, sans être inconnu dans l'antiquité, y resta toujours dans l'enfance. Il y avait sans doute des banquiers à Rome, à Athènes, à Alexandrie et dans toutes les places importantes ; mais leur industrie se bornait à échanger des monnaies, à recevoir des dépôts, à faire et à constater des paiemens, à consentir des prêts. Il leur arrivait bien quelquefois de tirer sur un tiers, de faire remettre des fonds sur diverses places (2); mais ces opérations ne s'exécutaient qu'au moyen d'un simple mandat, et les légers bénéfices qui leur en revenaient ne sauraient être assimilés à ceux que procure le change, qui représente chez nous la différence de valeur qu'offrent les fonds sur des places diverses. Les stipulations sur le change ne peuvent, en effet, exister qu'à l'aide d'une correspondance sûre, prompte et régulière, qui suppose l'établissement des postes, qui

(1) « Il n'y avait pas de plus vaste commerce que celui des esclaves, dit M. de Saint-Paul. Quand un marchand, au fond de la Baltique, de l'Euxin, de l'Asie ou sur quelque champ de bataille, s'était suffisamment pourvu de prisonniers, aidé de ses esclaves affidés, il enchaînait les hommes faits, il enfermait dans des boîtes garnies de barreaux solides ceux dont il redoutait la force ou le désespoir. Suivi des femmes et des enfans, dont le fouet hâtait le pas, il tâchait ensuite de gagner au plus tôt, à travers les pays sauvages qu'il avait à parcourir, le port ou la ville la plus proche. Sur sa route vendant et troquant, il se rendait de là sur quelque marché fameux... traînant tout au travers de vingt contrées, non pas quelques criminels, triste rebut du pays, mais de braves guerriers, qui n'avaient succombé que sous le nombre, des enfans, des vieillards, des femmes, vendus par trente et cinquante mille après le sac de leur ville natale, attendus, à la fin de leur voyage... par toutes les ignominies et les misères de la servitude. (*Discours sur la constit. de l'esclavage en Occident*, p. 75.)

(2) PARDESSUS, *Collection de lois maritimes*, t. I, Introduction, p. XXIX et LVII.

n'existaient pas chez les anciens, et l'emploi des effets commerçables, qui leur étaient inconnus (1).

La législation commerciale des anciens peuples de l'Asie et de l'Afrique ne nous est pas parvenue. On ne trouve que quelques notions sur les règles qui régissaient leur commerce et celui des républiques grecques dans les écrits que l'antiquité nous a légués.

Des recueils de lois rédigés pendant le moyen âge nous ont transmis la législation romaine, qui a exercé sur les mœurs et les institutions des peuples modernes une influence dont on peut encore constater les traces dans les Codes qui nous régissent.

Le premier de ces recueils est le *Code Théodosien*, promulgué en 438 par ordre de Théodose II, empereur d'Orient, qui ne nous est pas parvenu en entier et qui ne contient que peu de dispositions spéciales au commerce.

La seconde de ces compilations de lois est celle qui a attaché une si grande célébrité au nom de l'empereur Justinien, et qu'on désigne sous le nom de *Corps du droit romain*. Elle se compose des *Pandectes*, appelées aussi *Digeste* (2), qui n'offrent qu'une compilation de textes extraits des écrits des anciens jurisconsultes de Rome. — Les règles spéciales au commerce y sont en général confondues avec celles qui constituent le droit commun en matière de contrats. Tout ce qui est relatif aux achats et ventes (3), aux fraudes dont les

---

(1) HÉEREN, *de la Politique et du Commerce des peuples de l'antiquité*, traduction de M. W. SUCKAU, t. I, p. 38.

(2) PANDECTÆ des deux mots grecs πᾶν et δέχεσθαι, *qui contient tout*, pour indiquer un recueil renfermant tout l'ensemble de la législation. DIGESTA, du mot latin *digerere*, *digestum*, mettre en ordre, parce que le droit devait être exposé, dans ce recueil, suivant un classement méthodique. Les Pandectes furent publiées le 16 décembre 533, pour avoir force de loi à partir du 30 du même mois.

(3) Lib. XVIII, tit. I, *de contrahendâ emptione;* — tit. V, *de rescindendâ vendi-*

vendeurs se rendent souvent coupables, à la garantie, aux vices rédhibitoires (1), aux sociétés (2), au gage (3), au mandat (4), au louage, à l'affrètement des navires (5), y fait l'objet de nombreuses dispositions empreintes d'une grande sagesse, et que nos législateurs n'ont souvent eues qu'à reproduire dans nos codes. On y trouve aussi des titres qui se réfèrent spécialement à la police du commerce et de la navigation (6), aux engagemens contractés par les esclaves qui faisaient le commerce pour le compte de leurs maîtres (7), aux engagemens contractés par le patron pour le compte de l'armateur (8), à la responsabilité de l'armateur à raison des faits du patron et des vols commis par les gens employés sur le navire (9), au prêt à la grosse (10), au jet et à la contribution à laquelle il peut donner lieu (11), aux naufrages (12).

Le second ouvrage, suivant l'ordre de la rédaction, est connu sous le nom d'*Instituts* et n'offre qu'un abrégé élémentaire des autres codes, destiné à la jeunesse des écoles (13).

---

tione; — tit. VI, *de periculo et commodo rei venditæ*; — lib. XIX, tit. I, *de actionibus empti et venditi.*

(1) Lib. XXI, tit. I, *de ædilio edicto et redhibitione, et quanti minoris*; — tit. II, *de evictionibus*; — tit. III, *de exceptione rei venditæ.*

(2) Lib. XVII, tit. II, *pro socio.*

(3) Lib. XIII, tit. VII, *de pigneratitiâ actione.*

(4) Lib. XVII, tit. I, *mandati vel contrà.*

(5) Lib. XIX, tit. II, *locati conducti.*

(6) Lib. XLVIII, tit. XII, *de lege Juliâ de annonâ*; — lib. L, tit. XI, *de nundinis.*

(7) Lib. XIV, tit. III, *de institoriâ actione*; — tit. IV, *de tributoriâ actione.*

(8) Lib. XIV, tit. I, *de exercitoriâ actione.*

(9) Lib. IV, tit. IX, *nautæ, caupones, stabularii, ut recepta restituant*; — lib. XLVII, tit. V, *furti adversùs nautas, caupones, stabularios.*

(10) Lib. XXII, tit. II, *de nautico fœnore.*

(11) Lib. XIV, tit. II, *de lege Rhodiâ de jactu.*

(12) Lib. XLVII, tit. IX, *de incendio, ruinâ, naufragio.*

(13) Les Instituts furent publiés le 21 novembre 533, pour avoir force de loi en même temps que les Pandectes.

Justinien avait promulgué, en 529, un recueil de constitutions impériales, dont les dispositions ne se trouvaient plus en harmonie sur beaucoup de points avec les règles consacrées dans les deux ouvrages dont nous venons de parler. Il dut dès-lors faire réviser son code, et il en publia une nouvelle édition, qui est la seule qui nous soit parvenue (1). Elle est entièrement composée de constitutions impériales qui ne remontent pas au-delà du règne d'Adrien, et au nombre desquelles il en est qui se réfèrent spécialement au commerce (2).

Après avoir fait rédiger les Pandectes, les Instituts et le Code, Justinien publia encore des constitutions qui portent le nom de *Novelles*, et qui font aussi partie du Corps du droit romain. On peut également joindre à ces recueils les écrits de quelques anciens jurisconsultes qui sont parvenus jusqu'à nous, tels que les *Fragmens d'Ulpien*, qui fut préfet du prétoire sous Alexandre Sévère, les *Sentences de Paul*, qui écrivait aussi dans le troisième siècle de l'ère chrétienne; les *Instituts de Gaïus*, qui florissait sous Marc-Aurèle, et qui ont été rendus récemment à la science.

Trois siècles après la mort de Justinien, les empereurs grecs qui lui succédèrent sur le trône de Constantinople, jugèrent convenable de faire réviser ses codes et d'en former un seul recueil rédigé en langue grecque. Cet ouvrage, divisé en soixante livres, ne nous est pas parvenu en entier et porte le nom de *Basiliques*. Nous devons principalement regretter la perte du cinquante-troisième livre, consacré à la navigation et au commerce maritime.

---

(1) Le Code de Justinien a été publié le 17 novembre 534, pour remplacer, à compter du 29 décembre suivant, l'ancien code qui fut abrogé.

(2) Lib. IV, tit. XXV, *de institoriâ et exercitoriâ actione*; — tit. XXXIII, *de nautico fœnore*; — tit. LIX, *de monopoliis et conventû negotiatorum illicito*; — tit. LX, *de nundinis et mercationibus*; — tit. LXIII, *de commerciis et mercationibus*; — lib. XI, tit. V, *de naufragiis*; — lib. XII, tit. XLV, *de littorum et itinerum custodiâ*.

Avant de terminer ce qui se réfère à l'antiquité, nous devons encore parler d'un recueil particulier à la législation commerciale, dont il existe quelques manuscrits, et qui est connu sous la désignation de *Droit maritime des Rhodiens*, ou *Lois Rhodiennes*. Des idées diverses ont été émises sur cet écrit que l'ordre chronologique nous aurait fait placer avant les autres, si l'origine que semblerait lui assigner son titre, n'avait pas été contestée. Plusieurs écrivains recommandables, au nombre desquels figurent *Vinnius* (1), *Valin* (2) et M. *de Pastoret* (3), ont cru trouver dans ce recueil les dispositions des lois Rhodiennes qui jouirent dans l'antiquité d'une si grande célébrité (4). Mais cette opinion a été solidement réfutée par Bynkersoëck (5), par Heineccius (6), par Émérigon (7), et récemment, par M. Pardessus dans sa *Collection*, si précieuse, *de lois maritimes* (8). Ce savant écrivain ne voit dans cette compilation qu'un recueil d'usages nautiques, rédigé dans le moyen âge, pour la pratique des gens de mer, et qu'on a décoré du nom de *Lois Rhodiennes*. Il est, en effet, difficile d'admettre que le texte des véritables lois de Rhodes soit parvenu jusqu'à nous. Quelques-unes de leurs principales dispositions nous ont été transmises par la législation des Romains qui les avaient

(1) Préface de son *Commentaire sur Peckius.*

(2) Préface de son *Commentaire sur l'ordonnance de la marine de* 1681.

(3) *Dissertation sur l'influence des lois Rhodiennes*, 1784.

(4) Après avoir analysé ce recueil, M. de Pastoret s'exprime ainsi dans l'ouvrage que nous venons d'indiquer : « Telles sont ces lois célèbres, monument éternel de la sagesse des Rhodiens, qui, tour à tour adoptées par les Grecs et par les Romains, sont venues ensuite se fondre, pour ainsi dire, dans les ordonnances maritimes des peuples de l'Europe, et jouissent encore, par conséquent, de la gloire de présider, au moins en partie, au commerce de l'univers. »

(5) *Dissertatio ad legem Rhodiam de jactu*, cap. VIII.

(6) *Historia juris civilis*, § 296.

(7) Préface du *Traité des Assurances*, p. 2 de l'édition Boulay-Paty.

(8) Tome I, p. 24, 165, 210.

adoptées; mais l'ensemble des règles qu'offraient ces lois n'a pas dû survivre au naufrage des institutions de cet ancien peuple. Toutefois, le monument dont nous parlons mérite d'être mis au nombre de ceux qui peuvent aider à nous faire connaître les traditions que l'antiquité nous a laissées et qui se sont perpétuées d'âge en âge (1).

II.

Commerce du moyen age. — Invasions des peuples du Nord. — Commerce de la France sous les *rois Mérovingiens*, sous *Charlemagne*. — Féodalité. — Richessses mobilières, *Juifs*, *Italiens*, *Lombards*, *Caorsins*. — Républiques italiennes; *Venise*, *Gènes*, *Almaphi*, *Pise*, *Florence*. — *Croisades*; leur influence sur le commerce. — Alliances des villes du Nord; *ligue Hanséatique*. — Organisation du travail; *corporations*. — *Foires*; leurs priviléges. — Diversité et altérations des monnaies; *Banques*. — Prohibition contre le prêt à intérêt et la sortie du numéraire; *lettres de change*. — Risques maritimes; *assurances mutuelles*; *assurances à prime*. — Police et juridiction; *consuls*. — Découvertes, inventions; *boussole*, *poudre à canon*, *imprimerie*. — Voyages, *Benjamin de Tudèle*, *Ascelin*, *Rubruquis*, *Marco-Polo*. — Législation commerciale. — Statuts, chartes, règlemens, corporations. — Traités, us et coutumes. — Droit maritime de la Méditerranée, *Consulat de la mer*; de l'Océan, *Rooles d'Oléron*; de la Baltique, *Droit maritime de Wisby*.

Après avoir jeté un coup d'œil sur le commerce des anciens peuples, nous avons à remonter à travers le moyen âge pour nous occuper des nations nouvelles qui surgirent sur les débris de l'empire romain et qui substituèrent leur énergie barbare à la civilisation et à la corruption des vaincus. Les Romains avaient subjugué le monde par la force, la force fit aussi peser sur eux son empire; des

(1) Cette compilation est ainsi intitulée: ΝΌΜΟΣ ῬΟΔΊΩΝ ΝΑΥΤΙΚΌΣ, *Droit nautique des Rhodiens*. Fabrot l'a insérée dans l'édition qu'il a donnée des Basiliques, tome VI, p. 647 et 655. Il pensait qu'elle en formait une partie intégrante; mais cette opinion a été réfutée par M. Pardessus, *Collect. de lois maritimes*, t. I, p. 165 et suiv.

essaims de barbares venus du Nord mirent en lambeaux leurs conquêtes. L'Europe vit ses anciens peuples se mélanger sur son sol avec des races nouvelles. Mis ainsi en rapport avec des hommes habitués aux douceurs de la vie que procure le commerce, les barbares contractèrent facilement du goût pour le luxe, et leurs chefs se montrèrent disposés à protéger l'agriculture et l'industrie. Après la conquête de ses provinces méridionales sur les Visigoths, la France fit un commerce assez considérable sous les rois mérovingiens; elle entretint des relations avec Constantinople et avec les villes maritimes du Levant (1). Des foires dont les immunités attiraient les marchands des contrées lointaines y furent fondées (2); Marseille envoyait toujours ses flottes dans le Levant; Arles et Narbonne partageaient avec elle le commerce de la Méditerranée (3).

Charlemagne étendit les rapports commerciaux de la France dans le Nord et dans le Midi à mesure que la conquête prolongea son empire jusqu'à la Baltique, l'Elbe, le Danube, l'Ems, les Alpes et l'Ebre (4). Ce grand homme fit paraître en Europe une lueur de civilisation qui dut agrandir le commerce de la France avec le Levant, puisqu'on remarque qu'à dater de son règne les Européens reçurent le nom de FRANCS chez les musulmans (5). Les dissensions

(1) DE GUIGNES, *Mémoire sur l'état du commerce des Français dans le Levant avant les croisades*, p. 467 et suiv. du tome XXXVII du *Recueil de l'Académie des inscriptions et belles-lettres*. On peut également consulter sur le même sujet un mémoire de l'abbé CARLIER, couronné par l'Académie d'Amiens, et qui a pour titre: *Dissertation sur cette question, quel fut l'état du commerce en France pendant la première et la seconde race* (Amiens, 1756).

(2) *Gesta Dagoberti regis*, cap. XXXIV (dom BOUQUET, *Recueil des historiens des Gaules et de la France*, t. II, p. 588). — *Præceptum Dagoberti I, pro institutione nundinarum S. Dionysii* (même recueil, t. IV, p. 627).

(3) M. DE GUIGNES, mémoire déjà cité.

(4) EGINHARD, *Vita Karoli magni*, XV (même recueil, t. V, p. 94).

(5) DE GUIGNES, mémoire cité. — D'HERBELOT, *Biblioth. orientale*, au mot *Frank*.

On connaît les rapports qui existèrent entre Charlemagne et le calife Haqui s'élevèrent entre ses successeurs à l'occasion du partage de ses États, les invasions des Normands vers le nord, les incursions des Sarrasins vers le midi plongèrent les contrées qui formaient son vaste empire dans un abîme de maux qui couvrirent l'Europe de nouvelles ténèbres.

Du sein de cette crise sociale surgit la féodalité, qui méconnut tous les droits, qui confondit tous les pouvoirs, qui annihila la monarchie protectrice de l'industrie et des peuples, et qui fit peser sur les sociétés la masse de maux qu'enfantent le désordre, la guerre et l'anarchie. C'est au sein de cette monstrueuse organisation sociale qu'on se complaît à contempler la lutte de l'intelligence et de la civilisation contre la force matérielle. Résumons en peu de mots l'état économique qu'offrent le sol et les populations à cette époque si digne de fixer l'attention du philosophe et de l'historien.

Le sol présente trois espèces de propriétés territoriales. Les *alleux*, terres essentiellement nobles, possédées par les hommes libres qui avaient droit de justice sur les colons, et qui étaient maîtres des serfs attachés à la culture; les *fiefs* détenus par les vassaux relevant de leurs suzerains, les *héritages serviles* possédés à titre précaire par les serfs, et qui rentraient dans la main du seigneur dès que les détenteurs voulaient faire acte de liberté (1).

---

roun-al-Raschid. « Les deux plus grands princes de leur siècle, dit M. Michaud, se témoignèrent une estime mutuelle par de fréquentes ambassades; ils s'envoyèrent de magnifiques présens; et, dans ce commerce d'amitié entre deux puissans monarques, l'Orient et l'Occident firent un échange des plus riches productions de leur sol et de leur industrie. Les présens d'Haroun causèrent une vive surprise à la cour de Charles, et donnèrent une haute idée des arts et des richesses de l'Asie. Le monarque des Francs se plut à montrer aux envoyés du calife la magnificence des cérémonies religieuses. Témoins, à Aix-la-Chapelle, de plusieurs processions où le clergé avait étalé ses ornemens les plus précieux, les ambassadeurs de Bagdad retournèrent dans leur patrie en disant qu'ils avaient vu des hommes d'or. » (*Histoire des croisades*, t. I, p. 27.)

(1) LAFERRIÈRE, *Histoire du droit français*, t. I, p. 115.

Les travailleurs se divisaient en *serfs* attachés à la glèbe (*adscripti glebæ*), véritables immeubles par destination, qu'on vendait avec la terre. Venaient ensuite les *villains* (*villani*, de *villa*, maison de campagne), taillables à merci et miséricorde, qui cultivaient le sol et qui en percevaient les fruits moyennant une redevance fixe, payable au seigneur. Quelques hommes, que les écrivains désignent sous des noms divers, tels que *arhimani*, *conditionales*, *originarii*, *tributales*, conservaient encore une ombre de liberté que l'oppression des puissans et la misère leur faisaient souvent abdiquer, pour trouver contre les malheurs des temps un remède dans la servitude (1).

C'est du sein de cette domination de la propriété foncière que l'industrie fera surgir la propriété mobilière, qui ne peut fructifier que par le commerce. Au milieu de ces populations immobilisées apparaissent les juifs, possesseurs des richesses mobilières, que nul obstacle ne rebute, et qui pénètrent partout où il est possible de faire quelque gain. On les voit tantôt protégés par les grands, auxquels leur industrie paie tribut; tantôt bannis et spoliés par les souverains, qui mettent la main sur leurs richesses; toujours haïs, bafoués, outragés par le peuple, que leurs énormes usures pressurent sans cesse (2). L'histoire des juifs du moyen âge résume la puissance des richesses mobilières, et exprime ce que peuvent la ruse et l'adresse contre la

(1) ROBERTSON, *Introduction à l'histoire de Charles-Quint*, note 9.

(2) Voyez, sur le signe distinctif que les juifs devaient porter sur leurs vêtemens, DU CANGE au mot *Rota Judæorum*, une ordonnance de Louis IX, de l'année 1269, et une ordonnance de Louis X, du mois de juillet de l'année 1315 (*Recueil du Louvre*, t. I, p. 294 et 393).

L'art. 4 de cette dernière ordonnance, qui permet aux juifs expulsés sous Philippe-le-Bel, de rentrer en France, est conçu en ces termes : *Item*, ils recouvreront et « auront le tiers, et *nous les deues pars* de leurs debtes qui leur sont deues du temps devant ce que ils fussent chaciex, tant de celles que ja sunt seues, comme de celles qui seront accusées et que ils rapporteront... »

force(1). On les voit au milieu des nations, sans patrie, sans flottes, prospérer par la seule puissance de leur génie industriel, posséder des masses immenses de numéraire, et colporter du fond de l'Asie aux extrémités de l'Europe les produits de l'Orient, dont ils répandirent l'usage et le besoin parmi les seigneurs et parmi le clergé (2).

A côté des juifs apparaissent des compagnies de com-

---

(1) V. J. SALVADOR, *Histoire des institutions de Moïse et du peuple hébreu*, t. I, p. 337. Paris, 1828, 3 vol. in-8o. — DE VILLENEUVE-BARGEMONT, *Histoire de l'économie politique*, t. I, p. 279.

(2) Les rois de France attachaient à leur maison un commerçant juif chargé de les pourvoir des produits de l'Orient. Grégoire de Tours raconte avec une naïveté pleine de charmes, comment il joignit en vain ses exhortations à celles du roi Dagobert pour convaincre des vérités de la religion le juif Priscus que ce roi admettait dans son intimité. Ces intéressantes pages du père de notre histoire nationale ont fourni à M. Augustin Thierry le sujet de l'un de ses *Récits des temps mérovingiens.* Le moine de Saint-Gall parle également d'un juif de Charlemagne.

L'histoire de Mézeray s'exprime sur les juifs en des termes qui peuvent donner une juste idée de la haine aveugle que le peuple leur avait vouée, et de la protection que la classe plus éclairée de la nation leur accordait à prix d'argent. Il rend compte de la manière suivante de leur bannissement de la France sous Philippe-Auguste : « Il (ce roi) commanda aux juifs de se retirer dans briefs jours, leur permettant, selon le droit des gens, d'emporter ou de vendre leurs meubles. Néantmoins, les plaintes que le peuple lui en faisoit d'heure en heure estoient si pressantes, que pour satisfaire un peu aux crieries de la tourbe mutinée, il fut contraint d'entrer luy-mesme dans la synagogue de Paris, et de mettre quelques-unes de leurs maisons au pillage. Cette maudite nation qui n'a pas de plus grand plaisir que de persecuter les chrestiens, enfans de celuy que leurs pères ont crucifié, avoit presté à si grosses usures, specialement depuis les guerres saintes qui avoient épuisé tout l'argent de la France, qu'elle tenoit engagez les biens et mesme les corps de plusieurs pauvres chrestiens, lesquels elle traictoit avec toute sorte de cruautez et d'ignominies. On l'accusoit encore que pour se guerir de la ladrerie à laquelle elle est originairement sujette dès sa demeure en Egypte, elle desroboit ou acheptoit les enfans des pauvres gens, qu'elle esgorgeoit pour en faire des bains. Mais pour le certain, elle estoit convaincue d'en crucifier tous les ans un dans ses principales synagogues, pour renouveler sur luy la memoire de l'horrible parricide qu'elle avoit commis sur le fils de Dieu. Leur condamnation ensuite de tant de crimes ne fut pourtant pas encore executée qu'à deux ou trois ans de là, la faveur de quelques-uns des plus grands de la cour ayant impe-

merçans italiens, qui affluent surtout en France sous les noms de Lombards, de Caorsins, qui font le commerce de l'argent, et qui se rendent aussi célèbres par leurs usures que les juifs, avec lesquels on finit par les confondre (1). Les souverains leur imposent des redevances, leur accordent des privilèges, leur assurent des monopoles, et les proscrivent, lorsque les plaintes du peuple deviennent menaçantes, ou lorsque les immenses richesses qu'ils ont acquises tentent leur cupidité (2).

Au milieu des torrens de barbares que le Nord versait

---

tré ce delai en esperauce d'un restablissement; telles estoient les richesses de ces usuriers, qu'ils avoient achepté jusqu'à nos principaux officiers, et eussent gagné le roy par de grandes sommes d'argent, si la justice qu'ils marchandèrent eust esté à vendre. » (MÉZERAY, *Règne de Philippe-Auguste* t. I, p. 471 *de l'édition de Mathieu Guillemot, Paris*, 1643, 3 *vol. in-folio.*)

(1) « *Caorcini*, *Caturcini*, *Caurcini*, *Cawarsini*, mercatores italici propter fœnerationem usurariam famosi, maximè in Galliâ, undè non semel à principibus nostris proscripti sunt, legibus et statutis contra fœneratores editis. (DU CANGE, *Glossarium mediæ et infimæ latinitatis*, v[is] *Caorsini*, *Longobardi*, etc.) Cet auteur paraît penser que le nom de *Caorsins* leur venait d'une famille florentine, *Caorsina* ou *Corsina*. MURATORI s'efforce de réfuter ce sentiment de du Cange, et prétend que leur nom leur vient de la ville de *Cahors*, où de nombreux usuriers exerçaient leur cupide trafic. (V. *Antiquitates Italiæ medii ævi*, t. I, col. 889.)

(2) Les Lombards, Italiens et autres étrangers payaient en France un droit désigné sous le nom de *boëte aux Lombards* dans une ordonnance du roi Jean, datée de Londres, 16 septembre 1358. (*Recueil des ordonnances*, dit *du Louvre*, t. III, p. 254.) — Janvier 1268, ordonnance de Louis IX, portant injonction à tous les baillis de chasser de leur territoire et de faire chasser des territoires des seigneurs, les *Lombards*, les *Caorsins*, et les autres usuriers étrangers, en leur accordant trois mois pour quitter le pays. Ceux qui leur ont emprunté peuvent retirer leurs gages moyennant le paiement du seul capital. (Même recueil, t. I, p. 96.)—1274, au parlement de l'Assomption, ordonnance semblable de Philippe III. (Même recueil, t. I, p. 298.) — 1295, aux fêtes de la Toussaint, ordonnance par laquelle Philippe IV, dit *le Bel*, accorde plusieurs priviléges aux Lombards et Italiens, moyennant le paiement d'un denier obole, et d'une picte par livre de marchandise qu'ils vendront. (Même recueil, t. I, p. 326.)— 1320, ordonnance de Philippe V, dit *le Long*, portant révocation du *droit de bourgeoisie* accordé aux marchands italiens, et ce à cause de leurs méfaits, *propter fraudes et malitias ipsorum.*— 21 mai 1324, ordonnance de Char-

sans cesse vers le Midi, et qui entraînaient tous les débris de l'ancienne civilisation, l'Italie montrait des républiques naissantes qui ne demandaient rien au sol et qui ne prospérèrent que par leur industrie. Venise, Gènes, Amalphi, Pise, Florence grandirent en puissance, purent armer des flottes, et créèrent des établissemens qui répandirent leur renommée dans tout le monde commerçant (1).

Tel est le tableau qu'offrent le travail agricole et le travail industriel au moyen âge. La terre présente le règne de la force et le servage; l'homme est exploité par l'homme, le faible n'est pour le fort qu'un instrument de production. Les capitaux mobiliers, qui disparaissent dès que la force se substitue au droit et qui ne peuvent fructifier qu'à l'aide d'un travail libre, obtiennent quelques concessions.

L'appât du gain et l'amour du bien-être ménagèrent des transactions entre la féodalité et l'industrie. Le seigneur attirait le marchand sur ses terres pour percevoir des taxes, pour mieux vendre ses denrées et pour se pourvoir des objets qu'il ne pouvait pas retirer du sol. Le marchand obtenait ainsi protection, et faisait d'énormes bénéfices sur ceux qui lui achetaient des objets propres au luxe ou à satisfaire des besoins plus impérieux. La spoliation, le paiement des péages et les exactions les plus dures formaient le droit

---

les IV, qui confirme la précédente. (*Recueil des ordonnances*, dit *du Louvre*, t. I, p. 749 et 781.)—18 juillet 1353, ordonnance du roi Jean, portant que les biens des usuriers lombards et des Italiens ultramontains seront mis en la main du roi. (Même recueil, t. II, p. 523.) Leurs dettes actives furent données à la reine, et on nomma des commissaires pour juger les contestations auxquelles elles pouvaient donner lieu, de telle sorte que les débiteurs se trouvèrent distraits de leurs juges naturels, et virent leur position empirée. C'est ce que constate l'ordonnance du 28 décembre 1355, rendue par le même roi Jean, qui apportait quelques adoucissemens à leur position. (Même recueil, t. III, p. 30.)

(1) V. Muratori, *Antiq. Ital. med. ævi*, t. II, col. 880. — Capmany, *Memorias historicas sobre la marina, comercio y artes de la antigua ciudad de Barcelona*, part. II, lib. I.

commun; mais à côté de ce droit commun, se plaçaient les franchises, les priviléges, le monopole, qui alors venaient en aide au commerce (1).

Des évènemens qui eurent des conséquences immenses pour l'industrie et pour la civilisation de l'Europe, vinrent bientôt bouleverser la féodalité et porter une rude atteinte à l'immobilité dont elle avait frappé hommes et sol. Un cri religieux retentit tout-à-coup dans la chrétienté, et les peuples, ralliés sous l'étendard de la croix, se mirent en marche vers l'Orient, où ils fondèrent des royaumes chrétiens. Les croisades vinrent exercer une influence heureuse sur les progrès du commerce. Elles lui créèrent des rapports plus faciles avec les pays lointains; elles rallièrent et occupèrent ses vaisseaux, elles rapprochèrent et mêlèrent les peuples, elles affaiblirent la féodalité, elles enrichirent de ses dépouilles la bourgeoisie, et elles commencèrent la formation du tiers-état.

Le pouvoir royal prit un peu plus d'extension, et vint prêter son appui au peuple. Le régime municipal ne s'était pas complètement éteint en Europe, et les franchises que les communes conservèrent, conquirent ou obtinrent, augmentèrent de plus en plus l'importance de la classe qui n'a pour capital que le travail, et qui n'acquiert des richesses que par l'industrie.

(1) Une masse effrayante d'exactions pesait sur l'industrie sous les noms les plus bizarres; ce n'est cependant qu'à l'aide des compositions obtenues de la force que l'industrie pouvait exister au milieu d'un état social qui offrait le plus grand fractionnement possible du pouvoir souverain. Pour avoir une idée des charges qu'elle supportait, on peut consulter le *Glossaire* de du Cange aux mots suivans: *Avaria*, *Anchoragium*, *Curratura*, *Modiaticum*, *Exclusaticum*, *Foraticum*, *Gabella*, *Hansa*, *Haulla*, *Mensuraticum*, *Modiaticum*, *Nautaticum*, *Passagium*, *Pedagium*, *Plateaticum*, *Palifictura*, *Ponderagium*, *Pontaticum*, *Portaticum*, *Portulaticum*, *Pulveraticum*, *Ripaticum*, *Rotaticum*, *Teloneum*, *Transitura*, *Viaticum*, etc.

On peut voir aussi ce qu'en dit MURATORI, *Antiq. Ital. med. ævi*, t. II, col. 17 et suiv.

Pendant que les villes de l'Italie, de la France et de l'Espagne étendaient leur commerce sur la Méditerranée, la mer du Nord et la mer Baltique voyaient leurs marchands se confédérer, et leurs cités croître de jour en jour en puissance. Les commerçans réunis dans les villes s'unirent d'abord entre eux pour se prêter mutuellement appui contre la piraterie et contre des usages impies qui attribuaient aux seigneurs dont les terres étaient situées le long des côtes le pillage et la spoliation des naufragés, sous le nom de *droit de naufrage* (1). Bientôt les villes s'unirent entre elles dans le but de se prêter un mutuel appui. Ces alliances, désignées

(1) Du Cange donne, dans son *Glossaire*, au mot *Lagan*, des détails précieux sur ces coutumes féodales. Il rapporte une charte par laquelle ce droit de naufrage avait été concédé aux moines de l'abbaye d'Aberconway dans le pays de Galles. Il fait remarquer qu'on ne se contentait pas de s'emparer des objets que renfermaient les navires échoués, mais qu'on retenait les naufragés eux-mêmes jusqu'à ce qu'ils pussent se racheter. Il rappelle, à cet égard, ce qui arriva à Harold, lorsqu'un naufrage le jeta sur les terres du comte de Ponthieu qui pilla ses vaisseaux, *pro ritu loci et pro more genti insito*, et qui le retint en captivité. On sait qu'il ne recouvra sa liberté qu'en invoquant l'appui de Guillaume *le Conquérant*, qui plus tard lui ravit à Hastings la couronne d'Angleterre et la vie.

On est sans doute péniblement impressionné en voyant la coutume exiger en *droit* la violation la plus flagrante des droits les plus sacrés, de ceux que donne le malheur. Il convient cependant, pour se faire une juste idée d'un état de choses aussi barbare, de ne pas perdre de vue les mœurs des temps au milieu desquels ces usages prirent naissance. Les côtes étaient sans cesse en proie aux invasions et au pillage des pirates. Les habitans des terres se trouvaient dans un état continuel d'hostilité avec les navigateurs ; ces derniers avaient aussi érigé en droit une espèce de presse de vivres (*strandhug*) qu'ils exerçaient en descendant en force sur les rivages pour s'emparer de tout ce qu'ils trouvaient à leur convenance. (V. Augustin Thierry, *Histoire de la conquête de l'Angleterre par les Normands*, t. I, liv. II, p. 187.) On conçoit, dès-lors, comment la coutume de se montrer sans pitié envers les naufragés et de rendre aux gens de mer pillage pour pillage s'établit sur les côtes. La cupidité des seigneurs substitua un pillage régulier et légal aux actes de violence encore plus atroces auxquels les particuliers devaient se porter, lorsqu'ils se disputaient entre eux les débris d'un naufrage. Sous ce rapport, on peut dire qu'il y eut progrès, car le commerce put pactiser avec les seigneurs. Il obtint, dans beaucoup de parages, au moyen du paiement de certaines redevances,

sous le nom de hanses (*hansen*, associations), se fondirent plus tard en une seule, qui prit le nom de *ligue Hanséatique*, qui couvrit les mers de ses navires, qui établit des comptoirs en Suède, en Danemarck, en Norwége, en Angleterre, en Russie, et qu'on vit soutenir dss luttes armées contre les souverains (1).

La féodalité puisait sa force dans le sol et dans l'organisation hiérarchique des détenteurs de la terre. L'industrie trouva sa puissance dans la richesse mobilière et dans le classement des travailleurs, sous le régime des corporations. Les bourgeois, les gens de métier formèrent dans les villes des confréries qui se rallièrent sous les bannières des saints qu'elles s'étaient donnés pour patrons, et qui puisèrent dans l'association le sentiment de leur force. Les princes et les seigneurs aidèrent l'organisation de ces confréries, parce qu'elles facilitaient la perception des impôts qui frappaient les métiers. Ils se déclarèrent les maîtres de

---

franchise du droit de naufrage et protection dans les infortunes de mer.

Au reste, les papes et les conciles élevèrent sans cesse leur voix contre ce droit inhumain, et frappèrent à diverses reprises d'anathème ceux qui osaient l'exercer. On le voit cependant en vigueur sur les côtes de la Bretagne jusque dans le XVIe siècle. D'ARGENTRÉ, qui écrivait en 1568, classe encore le droit de naufrage parmi les droits régaliens, et enseigne dans son *Commentaire sur la coutume de Bretagne*, art. 56, n° 44, que les seigneurs ne peuvent l'exercer qu'en vertu d'un titre. Il est vrai qu'il le flétrit comme une source inhumaine de gain, *naufragiorum cum ferale et planè crudele genus sit compendii;* mais il fait en même temps observer, pour justifier sans doute sa contrée, que ce droit a existé dans tous les pays. Il rapporte qu'il l'a vu trop souvent exercer sous ses propres yeux, *et nos de eâ re nimiùm oculati testes sumus.*

Pour de plus amples détails sur le droit de naufrage, voir DREYER, *Specimen juris publici Lubecensis circa inhumanum jus naufragii;* Lubecæ, 1761, in-4°.

(1) V. sur l'organisation et les progrès de la ligue Hanséatique les aperçus pleins d'intérêt qu'offre le chap. XVI de l'*Histoire de l'économie politique* de M. ADOLPHE BLANQUI, et l'Introduction de la *Collection de lois maritimes* de M. PARDESSUS, t. III, p. CL et suiv.

V. aussi l'ouvrage qui a pour titre : *De la ligue Hanséatique, de son origine, ses progrès, sa puissance et sa constitution politique jusqu'à son déclin*, etc.; par M. MALLET; Genève, 1805, 1 vol. in-8°.

l'industrie comme ils étaient les maîtres de la terre. Ils vendirent le droit de travailler, et ils exigèrent des corporations de lourdes redevances ; mais en échange, l'industrie obtint des sûretés, s'organisa, et acquit une puissance qui lui permit souvent d'engager des luttes pour la défense de ses droits.

Les fréquentes guerres qui désolaient l'agriculture ne portèrent pas toujours une égale atteinte au commerce, qui sut se ménager des moyens propres à mettre ses intérêts à couvert. En Italie, les hostilités des petits États cédèrent aux intérêts commerciaux, et les villes commerçantes surent s'accorder pour créer des lieux de neutralité, dans lesquels les membres des cités belligérantes se voyaient en paix et déposaient leurs haines politiques pour traiter paisiblement des affaires de leur commerce.

Les routes étaient, à cette époque, peu sûres, les voies de communication étaient difficiles ; les marchands voyageaient ensemble, et se dirigeaient vers des stations dans lesquelles ils trouvaient des vivres et des moyens de transport. Les foires leur offraient des rendez-vous à jour et à lieu fixe, qui les réunissaient pour traiter de leurs affaires, pour faire leurs commandes, leurs achats, pour arrêter et régler leurs comptes. Les souverains et les seigneurs, voyant qu'elles faisaient prospérer les contrées dans lesquelles elles étaient établies, et qu'elles leur offraient une source de revenus, placèrent sous leur protection ceux qui s'y rendaient, y établirent une bonne police, et prirent des mesures pour qu'il y fût fait droit à chacun. En France, les foires de Champagne et de Brie, qui plus tard furent transférées à Lyon, à cause du voisinage de l'Italie, jouissaient d'une grande célébrité dès le onzième siècle, et réunissaient les marchands de toutes les contrées de l'Europe. Ceux qui s'y rendaient étaient placés sous la protection de la justice du roi, et obtenaient par là des garanties pour la réparation des torts qu'ils pouvaient éprouver (1). Des officiers publics y servaient d'intermédiaires pour les opérations, qu'ils étaient en même temps chargés de constater. Les différends qui s'élevaient entre marchands étaient promptement vidés par des juges spéciaux (2). Certaines corporations de marchands étrangers jouissaient même du privilége d'y avoir des consuls (3). Les dettes qu'on y contractait étaient

(1) Ordonnance de Philippe-le-Bel du 7 mars 1294, relative aux marchands et changeurs (*campsores*) ultramontains, fréquentant les foires de Champagne. « (Art. 12) *Item* quod si eundo ad dictas nundinas, veniendo et stando, *sint sub custodiâ et conductu nostro*, et dictarum nundinarum, prout hactenùs extitit consuetum; et si quo damno, in veniendo, redeundo vel stando, in dictis nundinis, aliquis prædictorum incurrit, et à tempore requisitionis nobis factæ non esset facta restitutio intra duos menses, nos ei faceremus, juxta privilegia antiquitùs eis concessa, et sicut fieri consuevit. » (*Recueil des ordonnances*, dit *du Louvre*, t. XI, p. 377.)

On trouve des détails précieux sur ces foires dans le *Glossaire* de DU CANGE, v[is] *Custodes nundinarum* et *Nundinæ banales.* — Voir aussi les ordonnances de Louis-le-Hutin, du 9 juillet 1315; de Charles-le-Bel, du mois de juin 1326, et du mois de mai 1327; de Philippe de Valois, du mois de décembre 1331, du mois de juillet 1344, et du 6 août 1349. (Même recueil, t. I, p. 584—794—800; t. II, p. 73—200—202—305.)

(2) 23 mars 1302, ordonnance de Philippe-le-Bel portant, dans son art. 14, que les *juges* et les *gardes* des foires de Champagne seront nommés par le grand conseil du roi. (Même recueil, t. I, p. 360.) — Ordonnance de Philippe de Valois du mois de juillet 1344, pour la réformations des foires de Champagne. Le roi ordonne par l'art. 20, qu'on n'aura point égard, *en la cour des foires*, aux exceptions déclinatoires et dilatoires, et qu'on jugera le fond sans s'arrêter même à l'appel relevé en parlement. Le préambule de cette ordonnance est conçu dans des termes qui méritent d'être remarqués, car ils constatent combien les institutions auxquelles se rattachait la prospérité du commerce étaient favorablement accueillies, à cette époque, par toutes les classes de la société : « Et par ce se consentirent en la fondation d'ycelles (foires) tuit (*tous*) prélats, princes, barons chrestiens et mescreans, et se soumirent en la juridiction et obeissance d'ycelles, pour lesquelles choses furent octroiées franchises et libertez aux frequentans lesdictes foires, et sauf-conduict aux venans et demeurans en ycelles et aussy aux retournans d'ycelles jusques en leur païs, et à tous leurs biens et marchandises, pourquoi saulvement et seurement li marchands et marchandises de tout païs y puissent venir et demourer, et semblablement retourner. » (Même recueil, t. II, p. 202.)

(3) 9 juillet 1315, ordonnance de Louis X dit *le Hutin*. « *Item* que il soyt faict

soumises à des règles particulières ; des voies d'exécution plus promptes et plus rigoureuses étaient assurées aux créanciers, qui pouvaient, en outre, percevoir un intérêt plus élevé que l'intérêt ordinaire : aussi était-il défendu de dater de ces foires les obligations souscrites dans d'autres lieux, dans la vue d'y attacher les priviléges particuliers dont jouissaient celles qui y avaient été contractées (1).

La diversité des espèces monétaires et les nombreuses altérations que les souverains leur faisaient subir ne pouvaient que jeter la perturbation dans les transactions ordinaires. Le haut commerce sut encore échapper aux embarras, aux lenteurs et aux pertes que pouvait lui occasionner cet état de choses, au moyen des *banques*. On appelle ainsi, du mot italien *banco* (banc, comptoir), des établissemens dans lesquels on recevait en dépôt les diverses espèces monétaires, les lingots d'or et d'argent. La valeur intrinsèque des objets déposés était évaluée en une monnaie nominale, qui avait cours dans le commerce sous le nom de

---

un certain nombre de *corratiers*, hommes de bonne renommée, ès foires et à Paris, lesquels pourront faire les marchez des *italiens* ès foires et ès lieux dessus dicts. Et les corratiers seront faictz et ordonnez *du conseil du capitaine des Lombards et des* CONSULS *des bonnes villes d'Italie* qui demoureront ès foires et à Paris et ès lieux dessus dicts.» (*Recueil des ordonnances*, dit *du Louvre*, t. I, p. 384.)

(1) Voyez les ordonnances déjà citées et notamment celles de Philippe-le-Bel, des 30 janvier 1311 et du mois de juillet de la même année. (Même recueil, t. I, p. 494 et 484.)

On avait compris tout ce qu'a d'important pour le commerce l'exactitude dans les paiemens. On en trouve une preuve dans des lettres du roi Jean, du 28 août 1356. Elles confirment d'autres lettres précédentes du comte d'Armagnac, accordant de nombreux priviléges aux consuls et aux habitans d'AVIGNOGNET, pour le rétablissement de leur ville, qui avait été saccagée, ruinée et brûlée la même année par les Anglais. (*Castrum seu villa nostra* AVINIONIETI, *senescalliæ Tholosæ, nobis immediatè subjecta.*) L'art. 7 leur accorde un répit de cinq ans pour leurs dettes personnelles ; mais les obligations consenties sous le sceau des foires de Brie et de Champagne, ou sous celui de Montpellier, sont expressément exceptées et ne doivent pas jouir de cette faveur. (Même recueil, t. III, p. 73.)

monnaie de banque, qui se trouvait ainsi représenter des valeurs réelles exactement appréciées, et que ne pouvaient pas atteindre les altérations que subissaient les monnaies courantes. Des inscriptions sur les registres de la banque consenties en faveur des déposans représentaient les valeurs déposées, qu'on avait la faculté de retirer. Chacun des déposans possédait aussi un crédit, dont il pouvait disposer en faisant porter son inscription au compte de celui à qui il la cédait. Ces inscriptions étaient prises pour les valeurs qu'elles représentaient, et passaient ainsi de tête en tête dans le commerce, parce qu'on préférait être payé en une valeur commerçable connue, certaine et recherchée, qu'en espèces monétaires, dont l'application était difficile et le transport dangereux. On parvint de cette manière à régler les affaires commerciales avec facilité au moyen de quelques écritures, sans aucun maniement et sans aucun transport de fonds. La première banque fut fondée à Venise dans le douzième siècle. Des banques semblables furent établies, dans des temps plus reculés, à Gènes, à Francfort, à Amsterdam, à Hambourg, à Nuremberg, où elles acquirent une grande célébrité par les services qu'elles rendirent au commerce (1).

Les lois religieuses et civiles frappaient de stérilité le numéraire en proscrivant le prêt à intérêt. Les transports de fonds étaient non seulement périlleux, mais encore souvent empêchés par des règlemens qui prohibaient l'exportation des monnaies et des métaux précieux. Le commerce ne fut pas arrêté par ces obstacles, qu'il surmonta en inventant la *lettre de change*, au moyen de laquelle il donna la vie au crédit, créa le négoce de l'argent, et put opérer

(1) Sur la manière dont ces banques ont fonctionné, voir ADAM SMITH, *de la Richesse des nations*, liv. IV, ch. III; voir aussi ce que nous disons sur les banques publiques dans le liv. I, t. I, ch. 1er, § 3, de cet ouvrage.

dans diverses places sans aucun transport de numéraire (1).

Le commerce maritime sut aussi échapper aux chances que lui imposaient les dangers de la mer. Les commerçans qui voyageaient ensemble convinrent d'abord de se rendre communes leurs infortunes, au moyen d'une répartition de leurs pertes particulières proportionnelle aux valeurs qu'ils exposaient tous aux mêmes risques. Ces assurances mutuelles durent amener aux *assurances à prime*, dont les premiers vestiges paraissent conduire au commencement du quatorzième siècle. Les chances de mer avaient déjà été soumises à des calculs qui permirent à des particuliers de les assumer sur leur tête moyennant une prime représentative de la valeur des risques, répartie sur un certain nombre de navires exposés à des dangers divers. L'inconstance des flots devint ainsi l'objet d'une spéculation lucrative, qui permit au commerçant de placer désormais sans crainte sa fortune entière sur les planches d'un vaisseau (2).

Un fait d'une haute importance atteste encore mieux la marche déjà avancée du commerce dans les voies de la civilisation, à travers ces siècles qui montrent tous les germes des progrès industriels de nos temps modernes. C'est le jugement des matières commerciales par des jurés, par des arbitres, par des juges spéciaux, le plus souvent nommés par les commerçans eux-mêmes, et qui basaient leurs décisions sur les coutumes et sur l'équité. Tandis que le possesseur du sol vidait ses querelles l'épée au poing et en champ clos, le modeste industriel comparaissait devant des prud'hommes, des jurés de la mer, des consuls qui l'écoutaient et qui statuaient sur ses différends, suivant les bonnes

(1) Voyez les détails historiques que nous avons placés en tête du tit. VIII du liv. Ier de cet ouvrage.

(2) Voyez à l'appui de ce que nous disons, les autorités citées en tête du tit. X, liv. II, de cet ouvrage auquel nous renvoyons pour de plus amples détails sur l'origine et sur les bases des assurances maritimes.

coutumes que la pratique des affaires et l'intérêt du commerce avaient établies. Les *Assises de Jérusalem*, qui résument le droit européen du moyen âge, érigent en principe que le combat judiciaire n'a pas lieu à la cour de la mer (1). Des règlemens particuliers nous ont déjà montré les *prélats*, les *princes*, les *barons chrestiens et mescreans* se soumettant eux-mêmes, par un accord unanime bien digne de remarque, à la juridiction des officiers chargés de la police et du jugement des contestations aux foires de Brie et de Champagne. La nécessité de confier la décision des affaires commerciales à des juges spéciaux doit, en effet, se faire sentir partout où la justice ordinaire n'offre pas une marche prompte et dégagée de formes : l'institution de ces juridictions particulières s'adaptait d'ailleurs merveilleusement au régime municipal du moyen âge. Les communes placèrent à leur tête des magistrats qui prirent dans l'Italie le nom un peu pompeux de consuls. Plus tard, les pouvoirs se fractionnèrent, et les marchands eurent aussi leurs *consuls* particuliers chargés à la fois de la police du commerce

---

(1) « Bien sachies sil homes qui vont sur mer se il avient que il aient aucun contrast o leurs mariniers de geter pour mautens ou pour aucun autre choze dou vaisel, la raison commande que ce soit jugié par *la court de la mer*, pour ce que *la court de la mer na point de bataille pour preuve ne pour demande* de celui veage; et en la court des bourgeois doit avoir bataille se la quarelle passe un marc d'argent. Et pour ce sont les raizons establies par la court de la mer, ce ne fust laresin ou murtre ou traisson, car il ne doit venir en la court ; ce il n'en orent autre covenant (*convention*) entre eus, car tous covenans qui ne sont contre loy dovent estre tenus. » (*Assises de la court des bourgeois du royaume de Jérusalem*, publiées sur un manuscrit tiré de la bibliothèque de Saint-Marc de Venise, par M. Victor Foucher, ch. XL.)

Voyez aussi le ch. CCXXI relatif à une espèce de bourse de marchands appelée *fonde* et à la compétence de la *court de la fonde*, appelée à connaître de toute action commerciale ou civile, sauf les actions immobilières, entre les commerçans d'une même ou de diverses nations. On y lit encore : « et bien sachies que de nulle garantie que l'on porte devant la court de la fonde, *n'y a point de bataille*, pource que les raizons qui montent à bataille se dovent venir à la court des bourgeois. »

et de vider les différends auxquels il peut donner lieu (1). L'institution des consuls pénétra dans le droit international, parce qu'il devint pour le commerce une source de plus en plus précieuse de garanties. Les corporations de marchands traitèrent avec les souverains étrangers, avec les villes, et stipulèrent le droit d'avoir leurs magistrats et leurs juges, auxquels elles donnent aussi le nom de consuls (2). Des consuls furent même établis sur les navires pour y interposer leur autorité et pour vider les différends qui pouvaient s'élever dans le cours de leur navigation (3). L'im-

---

(1) Voyez dans MURATORI, t. II, p. 887, un traité de l'année 1182, entre les villes de Modène et de Lucques, dans lequel figurent les consuls de la cité, *consules majores*, et les consuls des marchands, *consules mercatorum*. — V. DU CANGE, v^is *Consul, Consules*. — Voyez aussi l'*Histoire du commerce entre le Levant et l'Europe depuis les croisades jusqu'à la fondation des colonies de l'Amérique*, par M. G.-B. DEPPING, t. II, p. 1; Paris, 1830, 2 vol. in-8°.

(2) Voici les termes d'un diplôme du 9 mai 1190, accordant le droit d'élire des consuls aux Amalphitains établis à Naples : « Insuper hoc eodem privilegio concedimus et confirmamus vobis vestrisque heredibus seu successoribus, negotiatoribus, campsoribus, apothecariis, de memorato ducatu Amalphiæ, in Neapoli habitantibus vel habitaturis ad negotium exercendum, ut liceat vobis vel eis in perpetuum de gente vestrâ inter vos CONSULES statuere ac mutare in civitate Neapoli, de illis qui Neapoli manserint, sicut vobis vestrisque heredibus ac successoribus in civitate istâ negotiationes exercentibus, paruerit expedire, quorum arbitrio et judicio, *secundum veteres bonos usus vestros*, causas sive lites quæ inter vos vel eos emerserint, terminentur, nec liceat civitati, vel alteri pro eâ, vos seu heredes, vel successores vestros de prædicto ducatu Amalphiæ in civitate istâ manentes seu negotia exercentes, de veteri et bono usu vestro seu consuetudine trahere vel mutare : sed debeamus vos in omnibus bonis usibus vestris et in consulatu vestro in perpetuum conservare, et vos gubernatione et judicio vestrorum consulum tantùm in perpetuum vivere debeatis. » (Cette pièce précieuse est rapportée par M. PARDESSUS, *Collect. de lois marit.*, t. I, p. 144, à la note.)

Voyez des lettres de Charles V, datées de Paris du mois d'avril 1364, qui accordent, entre autres priviléges, aux marchands castillans trafiquant en France celui d'être jugés par des négocians de leur nation (ISAMBERT, *Recueil général des anciennes lois françaises*, t. V, p. 188.—*Recueil du Louvre*, t. IV, p. 421.)

(3) *Consulat de la mer*, chap. LXXIV.—Ordonn. de saint Louis, de l'année 1249. (*Recueil du Louvre*, IV, p. 47, et XI, p. 15 de la préface.) — Privilége accordé en 1266 par Jacques, roi d'Aragon. (PARDESSUS, *Recueil de lois marit.*, t. V, p. 346.)

portance pour le commerce de ces magistratures particulières peut être facilement appréciée, lorsqu'on se rappelle que le droit de justice formait une dépendance du patrimoine des seigneurs.

Enfin, diverses inventions auxquelles le commerce a dû d'immenses progrès témoignent encore des efforts de l'intelligence pendant ce moyen âge qu'il ne faut pas toujours voir entouré de ténèbres. C'est de cette époque que date la découverte de la propriété que possède l'aiguille aimantée de se diriger vers le nord, et son application à la navigation, qui a plus tard permis à l'homme de faire le tour du globe, et qui a mis un nouveau monde en communication avec l'ancien (1); nous lui devons l'invention de la poudre à canon, qui est pour le génie des peuples civilisés un gage de victoire contre les peuples barbares (2), et l'invention de

---

(1) HAGER attribue l'invention de la boussole nautique aux Chinois, et prétend que la connaissance en aurait été communiquée à l'Europe par le voyageur Marco-Polo. (*Memoria sulla bussola orientale, letta a l' università di Pavia*; 1809.) TIRABOSCHI prétend qu'elle a été inventée par les Arabes. (*Storia della litteratura italiana*, t. IV, lib. II, § 35.) Les Bénédictins, auteurs de *l'Histoire littéraire de la France*, en revendiquent l'invention en faveur de notre pays, en se fondant sur ce que les plus anciennes boussoles connues portent une fleur de lis. D'après l'opinion la plus accréditée, FLAVIO GIOIA, bourgeois d'Amalphi, aurait fait cette grande découverte vers l'année 1302. (ROBERTSON, *Histoire de l'Amérique*, liv. Ier.)

(2) ROGER BACON écrivait dans le treizième siècle, qu'en renfermant un mélange de nitre, de soufre et de charbon dans quelque chose de creux et de bouché, on parvenait à imiter les éclairs et à produire un bruit et un éclat semblables à un coup de tonnerre. Voici ce qu'on lit encore à ce sujet dans son *Epistola de secretis operibus artis et naturæ et de nullitate magiæ* : « Nam in omnem distantiam quam volumus, possumus artificialiter componere ignem comburentem ex sale petræ et aliis... Nam soni velut tonitrus et corruscationes possunt fieri in aere; immò majori horrore quam illa quæ fiunt per naturam. Nam modica materia adoptata, scilicet ad quantitatem unius pollicis, sonum facit horribilem, et corruscationem ostendit vehementem. Et hoc fit multis modis, quibus civitas aut exercitus destruatur...... Mira sunt hæc, si quis sciret uti ad plenum in debitâ quantitate et materiâ. (*Cap.* VI, *p.* 42, *édit. d'Hambourg de* 1598, *in*-12. (Biblioth. royale, T. 4025.)

l'imprimerie, qui a réalisé la puissance de la pensée (1).

C'est encore dans cette époque si pleine d'énergie que nous voyons des hommes mus par le zèle religieux ou par leur génie mercantile exécuter des voyages immenses, à travers des obstacles que des cœurs fortement trempés pouvaient seuls affronter. Ainsi, dans le douzième siècle, le juif BENJAMIN DE TUDÈLE partait de l'Espagne pour se rendre, par terre, à Constantinople, et pénétrait jusque dans la Tartarie chinoise par le nord de la mer Caspienne (2). Dans le treizième siècle, le franciscain CARPIN, le dominicain ASCELIN (3) et le moine RUBRUQUIS (3) parcouraient l'intérieur de l'Asie, et se ren daient à la cour du khan des Tartares (4). Le commerçant Marco-Polo, noble Vénitien, entreprenait d'étendre la sphère dans laquelle s'exerçait le commerce en Asie, pénétrait jusqu'à Pékin, capitale de la Chine, et naviguait sur la mer des Indes (5).

---

(1) GUTTEMBERG était à Strasbourg, en 1436, lorsqu'il contracta avec ANDRÉ DRYZEHN et quelques autres une société pour *tous les arts et secrets tenant du merveilleux*. Il paraît donc que l'imprimerie prit naissance à Strasbourg. GUTTEMBERG fut ensuite s'établir à Mayence, sa ville natale, où il contracta en 1450 une société avec Faust. C'est des presses de cette société que paraît être sortie la *Biblia latina*, dite aux 42 lignes, qui ne porte ni date, ni nom de lieu et d'imprimeur. (V. *Analyse des opinions diverses sur l'origine de l'imprimerie*, par M. DAUNOU, Paris, 1803, in-8o.)

(2) *Voyage du célèbre Benjamin autour du monde, commencé l'an* MCLXXIII.... *écrit premièrement en* hébreu *par l'auteur de ce voyage; traduit ensuite en latin par* Benoît-Arian Mouton; *et nouvellement du latin en français.* (*Recueil de voyages faits principalement en Asie dans les* douzième, treizième, quatorzième et quinzième *siècles, par* PIERRE BERGERON, t. Ier; Lahaye, 1735, Bibliothèque royale.)

(3) *Voyages très-curieux faits et écrits par les RR. PP.* JEAN DUPLAN CARPIN, *cordelier, et* N. ASCELIN, *jacobin, envoyés en qualité de légats apostoliques et d'ambassadeurs de la part du pape Innocent IV, vers les Tartares et autres peuples orientaux..... Le tout rapporté fidèlement par ces religieux* (même recueil, t. Ier).

(4) *Voyage remarquable de* Guillaume de Rubruquis, *envoyé en ambassade par le roi Louis IX en différentes parties de l'Orient, principalement en Tartarie et à la Chine, l'an de notre Seigneur* MCCLIII. (*Bergeron*, même recueil, t. Ier.)

(5) *Viaggi di messer* MARCO POLO, *gentil'uomo veneziano*, dans le tome II du

Venons maintenant aux règles qui régissaient l'industrie et qui constituaient la législation commerciale du moyen âge. Elles pourraient, selon moi, être rangées dans trois classes.

La première classe comprendrait tout ce qui se réfère à l'organisation et à la police de l'industrie manufacturière et de l'industrie commerciale. On placerait dans cette classe les statuts, les règlemens, les chartes des corporations. Les diverses industries y sont décrites et organisées; les rapports entre les apprentis et les maîtres y sont définis; les conditions et les formes d'admission à la maîtrise y sont déterminées. On y règlemente la fabrication et la vente; les conditions que les produits doivent réunir y sont décrites. Les priviléges accordés aux corporations, les droits et les monopoles qu'elles exercent s'y trouvent établis; la perception des impôts qui frappent l'industrie y est organisée.

Le *Livre des métiers* d'Étienne Boileau, prévôt des marchands de Paris sous Louis IX, nous offre à cet égard le monument le plus curieux de l'ancien état de l'industrie dans la capitale de la France. L'auteur de cet intéressant recueil en retrace en ces termes l'objet et la division dans le préambule qu'on trouve en tête : «.... Nostre intenptions est à éclaircir en la première partie de ceste œuvre au mius que nous porrons, tous les mestiers de Paris, leurs ordonnances, la manière des entrepresures (1) de chacun mestier, et leurs amendes. — En la seconde partie entendons nous à tretier des chaucies (2), des tonlius (3),

---

recueil *delle navigazioni e viaggi* de M. Gio-Battista Ramusio; Venetia MDLXXXIII. Cette version de la relation du voyage de Marc-Paul est la plus suivie et la plus estimée. (Biblioth. Mazarine, 4900).—Le recueil de Bergeron contient au tome II une version française du voyage de Marc-Paul, faite sur l'édition de Ramusio conférée avec divers autres textes.

(1) *Entrepresures*, actes contraires aux coutumes.

(2) *Chaucies*, droits perçus sur les charrettes et bêtes de sommes pour l'entretien des chaussées et des routes.

(3) *Tonlius*, impôt payé par les marchands pour stationner sur les marchés.

des travers, des conduis (1), des rivages, des halages, des pois, des botages, des rouages, et de toutes les autres choses qui à coustume appartiennent. — En la tierce partie et en la deharnière des joustices et des juridictions à toz ceulx qui justice et juridiction ont dedens la ville et dedens les forbourgs de Paris. Ce avons fait pour le profit de touz et mesmement pour les povres et pour les estrangers, qui à Paris viennent acheter aucune marchandise, que la marchandise soit si loiaux qu'ils n'en soient deceu par le vice de li, et pour ceus qui à Paris doivent aucune droiture ou aucune coustume, ou qui ne les doivent pas : et mesmement pour chastier ceux qui par convoitise de vilain guaing ou par non sens le demandent et prendent contre Dieu, contre droit et contre raison (2). »

On pourrait ranger dans la seconde classe des monumens de l'ancien droit commercial les chartes, lettres et traités accordant des priviléges spéciaux et établissant des droits en faveur de certaines villes et de certaines corporations qui traitaient avec les seigneurs et les souverains, et qui obtenaient le droit de s'établir et de commercer sur leurs terres. Les commerçans étrangers formaient dans chaque état des nations distinctes, qui avaient leurs lois particulières, leurs chefs, leurs juges, leur quartier séparé dans les villes, leur église, leur temple. On donnerait une idée assez exacte des établissemens commerciaux du moyen âge en les comparant aux comptoirs actuels des Européens dans l'Inde et dans quelques autres parties de l'Orient. L'un des droits les plus précieux qu'obtenaient les marchands étrangers, c'était ce-

(1) *Conduis*, droit imposé par le seigneur de la terre aux denrées que les habitans transportent au-delà des limites de cette terre.

(2) Le livre des métiers d'Étienne Boileau vient d'être imprimé par les soins de M. Depping, et fait partie de la collection des monumens inédits sur l'histoire de la France publiés par ordre du roi. Il est à regretter que nous ne possédions pas la troisième partie, qui n'a peut-être jamais été rédigée.

lui dont nous avons déjà eu occasion de parler, d'être indépendans de toute juridiction territoriale dans les lieux où ils étaient établis. La ligue hanséatique maintenait surtout ce droit comme le plus important de ses priviléges, et les Turcs eux-mêmes, avant de s'être rendus maîtres de Constantinople, avaient joui de la faculté d'y établir un cadi et une mosquée (1).

La troisième classe pourrait comprendre les lois, ordonnances et coutumes se référant aux contrats et aux opérations qui constituent l'exercice du commerce. Le droit commercial a toujours été éminemment coutumier. Les commerçans l'ont formulé eux-mêmes, suivant la nature des rapports, des opérations et des habitudes de chaque époque. La loi, que le souverain dicte comme expression de sa volonté, est souvent âpre dans ses préceptes et tyrannique dans son application. La coutume, au contraire, qui émane de ceux qu'elle régit, qui se modifie, qui se réforme d'elle-même, n'offre dans ses préceptes que ce qu'il y a de plus sage et de plus conforme aux intérêts de tous (2).

---

(1) Ducas, lib. XV, p. 30.

(2) Marseille était régie par un statut remarquable dont la rédaction paraît remonter au treizième siècle et qui a été publié sous ce titre : *Les statuts municipaux et coustumes anciennes de la ville de Marseille, divisés en six livres et enrichis de recherches curieuses par* François d'Aix, *avocat en parlement et jurisconsulte de Marseille.* Marseille, 1656, chez Claude Gaicin, imprimeur du roi et de la ville, 1 vol. in 4°, Bibliothèque royale F, 2870. La Bibliothèque royale possède deux manuscrits de ce statut, qui font partie de l'ancien fonds sous les n°s 4660 et 4661.

Cette pièce importante contient des dispositions nombreuses sur le commerce maritime et sur le commerce de terre. On remarque notamment les chapitres XVIII et XIX du livre I, relatifs aux consuls établis à l'étranger, *de consulibus extrà Massiliam constituendis ;* le chap. XL du même livre, relatif aux courtiers, *de Corrateriis ;* le chap. XXVII du liv. II, qui consacre le principe de réciprocité à l'égard des contestations mues devant des juridictions étrangères : *quod quivis Massiliensis possit uti contra extraneum in aliâ juridictione eo jure quo ipse extraneus contrà civem uteretur in Massiliâ ;* les chap. XIX à XXV du liv. III, *de societatibus et commandis ;* le chap. XXXIV du liv. V, *de spatio XX dierum dando mercatoribus qui essent in Massiliâ tempore guerræ*, etc., etc.

Les monumens les plus remarquables que le droit commercial du moyen âge nous a légués, sont ceux qui se réfèrent au commerce maritime (1). Nous parlerons des plus importans, qui fournirent de riches matériaux pour l'ordonnance de Louis XIV sur la marine, dont notre code de commerce n'a fait, le plus souvent, que reproduire les dispositions.

Reportons-nous d'abord vers la Méditerranée, dont les rivages offrent l'entrepôt général du commerce de l'Europe à l'époque dont nous nous occupons. Les us et coutumes de la mer y furent recueillis dans une compilation connue sous le nom de CONSULAT DE LA MER. Cet important recueil, qui résume les principes consacrés par le droit romain, par le droit grec du Bas-Empire, par le droit des Rhodiens, et par les usages des villes maritimes qui faisaient le commerce avec le Levant (2), a dû être rédigé à Barcelone vers le treizième ou le quatorzième siècle. Jérôme Paul, qui a composé une *description de Barcelone* vers l'année 1491, le compare, quant à sa célébrité, aux anciennes lois Rhodiennes, et rapporte que les commerçans se soumettaient aux règles qu'il trace dans tous les ports de mer (3). Ces règles se réfèrent presque toutes au droit maritime privé, et sont distribuées, selon des versions différentes, dans 252, 259 ou 297 chapitres. L'ordre dans lequel les matières y sont distribuées présente l'absence de tout classement méthodique. Certains chapitres n'offrent qu'un complément de ceux qui les précèdent, et semblent attester que ce recueil se serait

---

(1) MONTESQUIEU fait remarquer qu'il faut la moitié moins de lois civiles dans les États où il n'y a point de commerce maritime (*Esprit des lois*, liv. XX, ch. XVIII). C'est ce qui rend compte des nombreux codes que nous a légués la navigation.

(2) GROTIUS parle en ces termes du *Consulat de la mer* : « Liber *Consulatûs maris* editus est linguâ italicâ, in quem relatæ sunt constitutiones imperatorum Greciæ, Alemanniæ, regum Francorum, Hispaniæ, Syriæ, Cypri, Balearium, Venetorum, Genuensium (*De jure belli ac pacis*, lib. III, ch. I, n. 5).

(3) « Ædilitiæ sunt et mercatoriæ leges : per has judicium ex bono et æquo

successivement enrichi de nouvelles décisions à mesure que l'expérience aurait signalé des difficultés qui n'y étaient pas prévues. Les principes y sont exposés avec netteté; l'entente en est rendue facile par des exemples, et l'énonciation des motifs qui ont servi de base à la règle en fait souvent mieux saisir l'utilité et mieux apprécier l'application (1).

---

et sub compendio redditur ab decemviris qui *consules* appellantur, undè *consulares* leges dictæ sunt: quarum hâc tempestate non in eâ urbe modò usus viget, sed per cunctas fermè maritimas civitates, nauticæ et mercatorum controversiæ hujus modi legibus, vel ex iis depromptis, summâ cum auctoritate terminantur; undè *Rhodias* olim, ità plerique nunc per orbem *Barcinonias leges* appellant » (SCHOT, *Hispania illustrata*, t. II, p. 845).

(1) L'édition du CONSULAT DE LA MER qui paraît la plus ancienne a été imprimée à Barcelone en langue catalane par *Pierre Posa*, prêtre et imprimeur, en 1494. La Bibliothèque royale en possède un très-bel exemplaire, petit in-folio sans frontispice, imprimé à deux colonnes, en caractères gothiques. Le *recto* de la première page est en blanc; on trouve d'abord au *verso* un avertissement de l'éditeur qui s'appelle *François Cclleles*; puis viennent une table sans pagination, une ordonnance sur la procédure judiciaire devant la CORT DELS CONSOLS. Le texte du consulat commence à la feuille VI, en ces termes :

Aci commencē les bones costumes de la mar

C. XXXXVI.

Aquests son los bons stablimēts et les bones costumes: que son de fet de mar. Que los savis homens qui van per lo mon: ne comencaren a donar als nostres antecessors. Los quals feren per los libres de savietat de les bones costumes. On daqui avant podem trobar: que deu sēyor de nau fer a mercaders e a mariner e a pelegri o altre home: qui vage en la nau.

E, encara qual cosa deia fer mercader a sēyor dl'a nau o del leny'e pelegri atressi. Car pelegri es dit tot home: qui deia donar nolit de la sua persona sens sa mercaderia.

« Ici commencent les bonnes coutumes de la mer, chap. XLVI. — Voici les bons établissemens et les bonnes coutumes relatifs aux négociations maritimes que les hommes experts, qui ont parcouru le monde ont appris à nos ancêtres, et qui ont formé par la suite les livres de la science des bonnes coutumes. Dans ce qui suit, on trouvera ce à quoi le patron d'un navire est tenu envers les marchands, les matelots et les passagers, ou tout homme qui voyage à bord. — Et encore ce à quoi sont tenus envers le patron, le marchand, le matelot ainsi que le passager; car on appelle passager (*pelegri*) tout homme qui paie le passage pour sa personne sans marchandise. »

Le consulat se termine au feuillet LXXXVIII, où on lit ce qui suit:

Aci acaba lo libre vulgarment apellat de consolat. En lo qual son los capitols e leys e bones ordinaciōs : q̄ los antichs ordenarē per los fets maritims e

L'Océan possédait son recueil particulier de coutumes maritimes : les ROOLES D'OLÉRON OU JUGEMENS D'OLÉRON (1) faisaient loi sur ses côtes. Ce document remarquable fut adopté, par la seule considération de la sagesse des règles qu'il contient, dit M. Pardessus, en Castille, en Angleterre, en Flandre, dans les Pays-Bas septentrionaux, par les

---

mercātivols' e encara en fets de cors o armada. Los quals capitols e ordinacios foren loades, fermades e promulgades per les senyories davall scrites.

Suit l'attestation évidemment apocryphe dont parle M. Pardessus dans le tome II, p. 5 de sa *Collection de lois maritimes*.

On lit ensuite au *verso* du même feuillet :

Deo gratias.
S-on acabada de stampar
la present obra a. XIIII. de
Juliol del any M.CCCC.
LXXXXIIII. en Barcelo'
na per Pere Posa
prevere e stampa
dor.

Viennent ensuite des feuillets qui ne sont pas numérotés, diverses ordonnances sur la navigation et un règlement remarquable des conseillers de Barcelone, sur la présentation et l'acceptation des lettres de change. Après quelques autres dispositions afférentes au commerce de mer, le volume se termine par un règlement des conseillers de Barcelone sur les assurances maritimes, publié le 3 juin 1484. On remarque après cette dernière pièce plusieurs feuillets en blanc.

Le *Consulat de la mer* a été traduit dans presque toutes les langues de l'Europe. La traduction qui passe pour la plus ancienne est en italien, et a été imprimée à Venise en 1549. C'est cette traduction, qui était très-répandue dans le Levant, que Grotius a sans doute prise pour le texte original. Un avocat de Marseille nommé MASSONI en avait fait une version française qui fut imprimée dans cette dernière ville en 1577, et à Aix en 1635. M. BOUCHER en publia en 1808, une nouvelle traduction qui est peu exacte. Le texte catalan de l'édition de Barcelone, rectifié sur celui d'un manuscrit de la Bibliothèque royale qui paraît plus ancien, a été publié par M. PARDESSUS dans le deuxième volume de sa *Collection de lois maritimes*, où on le trouve accompagné d'une nouvelle version française qui rectifie souvent celle de M. Boucher.

(1) ROOLES de *rotulare*, rouler; les anciennes chartes étaient ordinairement roulées autour d'un cylindre (V. *le Glossaire de dom* CARPENTIER, aux mots *Rotulare, Rotularius, Rotulus*).

villes les plus commerçantes de la Baltique, et jusque dans les royaumes du nord de l'Europe. Sa rédaction est antérieure à l'année 1266, et le nom qu'il porte paraît lui venir de l'une des copies qui a le plus servi à le répandre, qui se trouve certifiée à la date que nous venons d'énoncer, par un greffier ou par un notaire de l'île d'Oléron.

Les dispositions que contient cette collection sont distribuées dans 56 articles seulement, qui résument toutes les règles coutumières relatives au patron du navire, à l'affrètement, au louage des matelots, au jet, à la contribution, aux droits sur les objets jetés par les flots sur les côtes ou trouvés dans la mer. La précision de sa rédaction n'offre pas la richesse de développemens qu'on trouve dans le *Consulat*, et se rapproche davantage du style des codes modernes (1).

La géographie commerciale nous conduit maintenant à la mer Baltique, cette Méditerranée du Nord, qui d'abord ne produisait que des pirates, et qui plus tard vit tant d'établissemens commerciaux prospérer sur ses côtes dans la seconde moitié du moyen âge. Cette mer eut également ses *us et coutumes* connus sous le nom de DROIT MARITIME DE WISBY. Wisby, principale ville de l'île de Gothland dans la Baltique, était fréquentée par les Allemands et devint un entrepôt considérable. Les navigateurs s'y rendaient des

---

(1) Les *Rooles d'Oléron* furent imprimés à Poitiers, en 1542, dans le *Grand routier de la mer*, écrit en 1484 par Gacie dit Ferrande. Clairac les a reproduits et commentés dans ses *Us et coutumes de la mer*, imprimés pour la première fois en 1647. M. Pardessus en a donné le texte en vieux français accompagné d'une version en français moderne avec des notes et des variantes (*Collection de lois marit.*, t. I, p. 323 et suiv.).

Les dispositions des *Rooles d'Oléron* furent reproduites dans la Flandre et dans la Zélande sous les noms de *Jugemens de Damme* et de *Lois de Westcapelle*. Ces deux collections n'offrent qu'une traduction des Rooles en langue hollandaise. La première n'embrasse que les 24 premiers articles sans aucune addition. La seconde offre l'addition d'un article (le quatrième), qui ne fait pas partie des *Rooles*, et qui a été puisé dans les usages maritimes de la Hollande septentrionale.

côtes de la Baltique, de la Hollande, de la Flandre, de l'Angleterre, de la France, de l'Espagne. La compilation qui porte son nom, écrite en plat allemand, a été imprimée à Copenhague en 1505, et se termine par ces termes remarquables : « Ici finit le droit maritime de Gothland que tous les négocians et patrons maritimes ont rédigé à Wisby. » Elle n'offre qu'une collection de textes pris dans les *Rooles d'Oléron*, les usages maritimes de Lubeck, de la Hollande et des villes du Nord, traduits en plat allemand qui servait de langage commun aux commerçans dans les places du nord de l'Europe. Elle a le mérite de résumer et d'exprimer le droit maritime qui régissait la Baltique (1).

Après avoir ainsi signalé les principaux monumens du droit qui résument les usages maritimes de la Méditerranée, de l'Océan et de la mer Baltique au moyen âge, je craindrais de dépasser les limites qui me sont assignées en m'occupant des coutumes particulières qui régissaient les places et les établissemens les plus importans du monde commerçant. Contraint de me renfermer dans des notions générales, je dois renvoyer ceux qui éprouveraient le désir de se livrer à une étude approfondie des origines du droit maritime de l'Europe, au riche recueil publié par M. Pardessus, qui leur offrira de nombreux documens qu'ils parcourront avec intérêt et qu'ils pourront souvent consulter avec fruit. J'arrive donc à la troisième époque, qui vit ouvrir un champ plus vaste au commerce de mer, par la double découverte d'un monde nouveau et d'une route maritime par le sud de l'Afrique vers les riches et fertiles contrées du midi de l'Asie.

(1) Clairac a donné dans ses *Us et coutumes de la mer* une traduction française du droit maritime de Wisby, qui est incomplète, et qui a été faite sur une version hollandaise. M. Pardessus a publié le texte allemand de l'édition de 1505, ainsi que celui d'une édition de 1541 que possède la bibliothèque de l'Université de Gripswald. Il a joint à ces textes une traduction française faite sous sa direction et accompagnée de notes importantes (*Collect. de lois marit.*, t. I, p. 463).

TRAITÉ

DE

DROIT COMMERCIAL.

SOURCES.

Ancien droit. Ordonnance du mois de mars 1673, dite du commerce, ou code marchand. — Ordonnance de la marine du mois d'août 1681.

Droit actuel. — Code de commerce de 1808, édition officielle publiée dans le Bulletin des lois en vertu de l'ordonnance du 30 août 1816. — Loi du 19 mars 1817, modifiant les art. 116 et 160 du code de commerce. — Loi du 31 mars 1833 modifiant l'art. 42 du même code. — Loi du 28 mai 1838 substituant de nouvelles dispositions à celles du livre III du code de commerce sur les faillites et banqueroutes, ainsi qu'à celles des art. 66 et 635. — Loi du 3 mars 1840 modifiant les art. 639, 646, 627, 617, 622 du code de commerce. — Code de commerce, dernière édition officielle publiée dans le Bulletin des lois en vertu de l'ordonnance du 31 janvier 1841.

BIBLIOGRAPHIE.

Ancien droit. *Projet de réforme de l'édit de mars* 1673, par une commission formée de l'ordre de monseigneur le garde-des-sceaux; Paris, 1780, 1 vol. in-4°. — Bornier, Conférences des nouvelles ordonnances de Louis XIV; Paris, 1700, 2 vol. in-4°. (Le commentaire sur l'ordonnance du commerce est dans le 2e vol.) — Boutaric, Explication de l'ordonnance de Louis XIV sur le commerce; Toulouse, 1743, 1 vol. in-4°. — Jousse, Commentaire sur l'ordonnance du commerce de 1673, édition publiée avec des notes, par M. *V. Bécane*, professeur du code de commerce à la faculté de droit de Poitiers; 1 vol. in-8°, Poitiers, 1828. — Malville, Ordonnance de la marine commentée et conférée sur les anciennes ordonnances, le droit romain et les nouveaux règlemens; 1 vol. in-12, Paris, 1756. — Rogue, Jurisprudence consulaire; 2 vol. in-12, Angers, 1773. — Savary, *Jacques* le parfait négociant; Paris, an VIII, 2 vol. in-4°. — Toubeau, Institutes du droit consulaire; Paris, 1700, 2 vol. in-4°. — Valin, Commentaire sur l'ordonnance de la marine de 1681; La Rochelle, 1766, 2 vol. in-4°.

Droit actuel. *Projet du code de commerce*, présenté par la commission nommée par le gouvernement; Paris, an IX, 1 vol. in-4°. — *Observations des tribunaux de cassation, d'appel, des tribunaux et conseils de commerce,* sur le projet du code de commerce; Paris, an XI, 3 vol. in-4°.—*Révision du projet du code de commerce*, précédé de l'analyse raisonnée des observations des tribunaux; Paris, an XI, 1 vol. in-4°. — *Observations de la chambre de commerce de Paris* sur la révision du projet du code de commerce; Paris, an XI, 1 vol. in-4°. — Locré, Législation civile, commerciale et criminelle de la France (contenant les procès-verbaux de la discussion au conseil d'Etat du code de commerce, les exposés des motifs des orateurs, etc., etc.; t. 17—20 de l'ouvrage en 31 vol. in-8° comprenant les 5 codes), Paris, 1828-1832.— Bravard-Veyrières, Manuel de droit commercial; Paris, 1840, 2e édit.—Dageville, code de commerce expliqué par la jurisprudence; Paris, 1828, 4 vol. in-8°. — Delvincourt, Institutes du droit commercial français; Paris, 1823, 2 vol. in-8°. — Devilleneuve et Massé, Dictionnaire du contentieux commercial; 1 vol. grand in-8°; Paris, 1839. — Frémery, Études du droit commercial; Paris, 1833, 1 vol. in-8°. — Horson, Questions sur le code de commerce; Paris, 1830, 2 vol. in-8°. — Locré, Esprit du code de commerce; Paris, 1807-1809, 10 vol. in-8°; Paris, 1829, 4 vol. in-8°.—Montgalvy et Germain, Analyse raisonnée du code de commerce; Paris, 1824, 2 vol. in-4°.—Pardessus, Cours de droit commercial; Paris, 1831, 5 vol. in-8°. — Rogron, Code de commerce expliqué par ses motifs, par des exemples et par la jurisprudence; Paris, 1841, 1 vol. in-18. — Vincens, Exposition raisonnée de la jurisprudence commerciale et examen critique du code de commerce; Paris, 1821, 3 vol. in-8°.

J'ai annoncé que je suivrai dans ce traité, pour la distribution générale des matières, l'ordre adopté par les rédacteurs du code de commerce. C'est dire qu'il sera divisé en quatre livres.

Le Ier traitera du *Commerce général*,

Le IIe aura pour objet le *Commerce maritime*,

Le IIIe les *Faillites et banqueroutes*,

Le IVe la *Juridiction commerciale*.

LIVRE Ier.

DU COMMERCE GÉNÉRAL.

TITRE PRÉLIMINAIRE.

Définitions et Généralités.

SOMMAIRE.

1. *Lois qui régissent chacune des industries agricole, manufacturière et commerciale.* — A la note: *Dispositions relatives aux ateliers ou manufactures insalubres, incommodes ou dangereux.—Dispositions relatives à l'établissement des usines sur les cours d'eau.* — *Loi sur le travail des enfans dans les manufactures.*
2. *Définition du commerce.* — *Commerce intérieur; commerce extérieur, de consommation, de transports; commerce interlope; commerce de terre; commerce de mer; grand cabotage, petit cabotage; voyages de long cours.* — A la note: *Corps qui représentent le commerce et auxquels ses intérêts généraux sont confiés, soit dans les localités, soit auprès du gouvernement.*
3. *Sens légal des expressions* COMMERÇANS, NÉGOCIANS, MANUFACTURIERS, FABRICANS, COMMISSIONNAIRES, BANQUIERS, ARMATEURS.
4. *Observations sur l'emploi fait par le législateur des expressions* NÉGOCIANS, MARCHANDS, BANQUIERS.
5. *Définition du droit commercial.*
6. *Division du droit commercial en* DROIT ÉCRIT *et en* DROIT NON ÉCRIT. — *Le législateur a voulu que les coutumes et usages du commerce pussent former le complément de la loi écrite.* — *Comment on établit l'existence des usages commerciaux.* — PARÈRES.
7. *Division du premier livre de ce traité.*

1.—L'homme, par son travail, féconde le sol qu'il habite, approprie la matière à la satisfaction de ses besoins et transporte les produits de ses labeurs et de la nature partout où l'échange peut s'en effectuer avec avantage. Aussi toutes les sociétés offrent l'exercice plus ou moins développé de trois industries : l'industrie *agricole*, l'industrie *manufacturière*, et l'industrie *commerciale*.

L'*industrie agricole* est régie par les règles du droit commun qui se réfèrent à la propriété, aux modifications que le droit de propriété peut subir, à la police rurale, à la police forestière et à certains contrats, notamment à l'emphytéose, au bail à ferme des héritages ruraux, au bail à cheptel, à l'antichrèse, etc. L'ensemble des règles spéciales à l'industrie agricole constituerait, en dehors du droit commun, le *code rural,* dont la publication est depuis long-temps désirée.

L'*industrie manufacturière* et l'*industrie commerciale* sont régies par des règles particulières à chacune d'elles et par des règles qui leur sont communes. Ces règles sont tracées dans des lois, des ordonnances et des règlemens, dans le code de commerce, dont l'explication méthodique va faire l'objet de cet ouvrage, et dans les dispositions des autres codes qui se réfèrent au commerce, ou qui lui sont communes avec les autres transactions ordinaires de la vie civile (1).

2. — L'expression *commerce* résume, dans le langage de la loi, l'ensemble de toutes les opérations et négociations qui ont pour objet de réaliser des bénéfices, soit en faisant subir aux matières premières des transformations qui leur donnent une plus grande

---

(1) Parmi les dispositions règlementaires qui se réfèrent spécialement à l'*industrie manufacturière*, nous croyons devoir indiquer les suivantes :

I. Sur les ateliers ou manufactures insalubres, incommodes ou dangereux : 15 octobre 1810, *décret règlementaire prescrivant les formalités pour l'autorisation et divisant les établissemens en 3 classes.* — 5 avril 1813, *avis du conseil d'État sur la nécessité de l'enquête* DE COMMODO ET INCOMMODO *pour les établissemens de 1re classe.* — 14 janvier 1815, *ordonnance règlementaire en cette matière.* — 2 avril 1823, *ordonnance relative aux bateaux à vapeur.* — 25 juin 1823, *ordonnance relative à la fabrication et au débit des poudres détonnantes et fulminantes.* — 29 octobre 1823, *ordonnance portant règlement pour les machines à feu à haute pression.* — 20 août 1824, *ordonnance et instruction ministérielle relatives aux établissemens d'éclairage par le gaz hydrogène.* — 7 et 25 mai 1828, 23 septembre 1829, 25 mars 1830, *ordonnances règlementaires concernant les machines et chaudières à vapeur, à haute ou basse pression, employées sur des bateaux ou destinées aux établissemens publics ou industriels.* — 8 août 1833, *instruction ministérielle concernant les demandes d'autorisation pour les établissemens de 1re classe.* — 30 octobre 1836, *ordonnance sur les fabriques de fulminate de mercure.*

Il résulte de ces dispositions que les fabriques et les ateliers à l'égard desquels il convient de prendre des mesures administratives sont, en général, distribués dans trois classes.

La 1re classe comprend ceux qui sont considérés comme *dangereux* et qui

valeur, soit en transportant et échangeant dans les lieux où le besoin s'en fait sentir les produits de la nature et de l'industrie.

Ainsi, celui qui fabrique des objets pour sa propre consommation ne fait pas, en cela, acte de commerce. Au contraire, celui qui achète des matières premières pour les revendre après leur avoir fait subir une préparation, spécule sur la location du travail des ouvriers qu'il emploie, sur le produit des capitaux à l'aide desquels il opère, et fait acte de commerce (art. 632 C. de comm.). Celui qui achète des produits dans un lieu pour les faire transporter et les vendre sur une autre place où ils ont plus de

---

doivent être isolés. — L'autorisation de les former est accordée par ordonnance du roi, rendue en conseil d'État, sur l'avis du préfet et sur le rapport du ministre du commerce.—La demande en autorisation doit d'abord être adressée au préfet, qui la publie par affiches, fait dresser des procès-verbaux *de commodo et incommodo*, et reçoit les oppositions des personnes intéressées et des maires. S'il y a des oppositions, c'est le conseil de préfecture qui donne son avis, et il est statué par le conseil d'État.

La 2e classe comprend les ateliers *insalubres* non soumis à l'isolement, mais qui ne doivent être établis qu'avec des précautions propres à empêcher qu'ils ne nuisent aux voisins. — La demande en autorisation doit être adressée au sous-préfet, qui la transmet au maire de la localité, en le chargeant de dresser des procès-verbaux *de commodo et incommodo*. Ces procès-verbaux sont transmis par le sous-préfet au préfet, qui rend son arrêté.— Le recours contre l'arrêté qui refuse l'autorisation doit être porté au conseil d'État. Si l'autorisation a été accordée, les opposans peuvent se pourvoir devant le conseil de préfecture, sauf recours au conseil d'État comme juge de second degré. (V. CORMENIN, *Droit administratif*, t. I, p. 253 et suiv.)

La 3e classe comprend les établissemens simplement *incommodes*. Ils ne peuvent se former qu'avec l'autorisation du préfet de police, à Paris, et des sous-préfets, dans les départemens, après avis préalable des maires et de la police locale. — Les réclamations contre la décision du préfet de police ou du sous-préfet, élevées soit par le requérant, soit par les voisins, sont jugées par le conseil de préfecture, sauf recours au conseil d'État.

La nomenclature et le classement des manufactures et ateliers se trouvent à la suite du décret du 15 octobre 1810 et dans diverses ordonnances rendues à mesure que l'industrie s'est enrichie de nouveaux procédés de fabrication et de nouveaux produits. M. de Cormenin a donné dans l'Appendice placé à la suite de la quatrième édition de son *Droit administratif*, p. 20 et suiv., un tableau alphabétique qui présente les classemens faits jusqu'à ce jour des établissemens dangereux, insalubres ou incommodes. — On peut, au reste, consulter encore sur cette matière les *Élémens de droit public et administratif* de M. FOUCART, t. I, p. 320 et suiv.; le *Manuel des ateliers insalubres* de M. MACAREL, 1 vol. in-8°, Paris, 1827; le *Code administratif des établisse-*

valeur, spécule sur la différence de prix qu'une même chose peut avoir dans des lieux divers, et exerce l'industrie commerciale (632).

---

mens dangereux, insalubres ou incommodés, de M. TRÉBUCHET, 1 vol. in-8°, Paris, 1832.

II. SUR L'ÉTABLISSEMENT DES USINES SUR LES COURS D'EAUX : 19 ventôse an VI, *arrêté du directoire exécutif rappelant les dispositions des lois antérieures en cette matière, et déterminant des mesures pour assurer le libre cours des rivières et canaux navigables et flottables.* — 21 germinal an VI, *instruction pour l'exécution de cet arrêté.* — 19 thermidor an VI, *instruction sur les moulins et usines.* — 23 juin 1806, *avis du conseil d'État, portant que le propriétaire d'une usine peut la détruire sans autorisation.* — 30 août 1810, *instruction ministérielle relative aux moulins et usines.* — 31 octobre 1817, *avis du comité de l'intérieur du conseil d'État, portant qu'il est à propos de consacrer par des ordonnances royales l'établissement des nouveaux moulins et usines, ainsi que tout règlement général concernant un cours d'eau, lors même qu'il n'est ni navigable, ni flottable.*—16 novembre 1834, *circulaire sur les usines.— Code pénal, art.* 457.

Il résulte de ces diverses dispositions que la construction d'une usine, même sur un cours d'eau qui n'est ni navigable ni flottable, ne peut avoir lieu qu'en vertu d'une autorisation accordée par une ordonnance du roi, rendue sur le rapport du ministre de l'intérieur, le conseil d'État entendu. La demande en autorisation doit d'abord être adressée au préfet, qui fait examiner les lieux par les ingénieurs des ponts et chaussées, chargés de dresser un rapport contenant leur avis. — Il est aussi procédé à des enquêtes *de commodo et incommodo*, afin que les personnes intéressées puissent faire entendre leurs réclamations. — Le préfet transmet ensuite les pièces et son avis au ministre. L'autorisation, lorsqu'elle est accordée, ne porte aucune atteinte aux droits de propriété et de servitude des riverains et des possesseurs des terrains supérieurs et inférieurs. Ils peuvent se pourvoir devant les tribunaux au possessoire ou au pétitoire pour demander des dommages, s'ils se trouvent lésés. — L'administration seule peut ordonner des modifications dans la construction de l'usine. — C'est une question controversée, que celle de savoir si l'autorité judiciaire est compétente pour ordonner, dans un intérêt privé, la destruction de l'usine dont l'existence attente aux droits des propriétaires voisins, ou si l'administration peut seule en prescrire la démolition. Voyez sur ce point une dissertation de M. FOUCART, t. II, p. 611 de ses *Élémens de droit public et administratif.* Cet auteur maintient la compétence des tribunaux.

III. SUR LE TRAVAIL DES ENFANS EMPLOYÉS DANS LES MANUFACTURES, USINES OU ATELIERS : *Loi du* 22 *mars* 1841.

Cette loi, qui vient d'être promulguée au moment où nous livrons ces pages à l'impression, est conçue dans le triple but,

1° De protéger l'enfance à un âge auquel un travail continu trop long peut s'opposer au développement des forces physiques et morales;

2° D'assurer l'instruction primaire et l'enseignement religieux des enfans;

On appelle *commerce intérieur* celui qui a pour objet les échanges qui s'opèrent dans chaque État.

On donne le nom de *commerce extérieur* à celui qui a pour objet l'importation ou l'exportation des marchandises dans des États autres que ceux qui les ont produites. Tantôt il exporte des marchandises nationales, tantôt il importe des marchandises étrangères; c'est le *commerce extérieur de consommation.* Il prend le nom de *commerce extérieur de transport* lorsqu'il achète des produits étrangers pour les revendre dans un autre pays étranger. Enfin, on désigne sous le nom de *commerce interlope*, le commerce qui introduit en fraude d'un pays dans un autre des marchandises dont l'importation ou l'exportation sont prohibées ou assujetties à des droits. Ce commerce se pratique habituellement sur les côtes de la France et de l'Angleterre, en livrant aux contrebandiers les produits repoussés par les douanes, ou en recevant d'eux ceux dont l'exportation était défendue. On exécute ce trafic à l'aide de petits bâtimens que les Anglais appellent *smugglers*, d'où est venue la dénomination de *smogleurs*, qui leur a été donnée en France, et l'expression *smoglage*, dont on se sert quelquefois pour désigner le commerce interlope.

On divise encore le commerce en *commerce de terre* et en *commerce maritime.*

On donne le nom de *cabotage* (1) à la navigation qui se fait le long des côtes, à des distances peu éloignées des terres. La loi reconnaît deux espèces de cabotage, le *grand* et le *petit* (229). — Le *grand cabotage* comprend les voyages en Angleterre, en Écosse, Irlande, Hollande, Danemarck, à Hambourg, et aux autres terres et îles en-deçà du Sund; en Espagne, en Portugal, et aux autres terres et îles en-deçà du détroit de Gibraltar (ordonn. du 18 octobre 1740, art. 2). — Le *petit cabotage* comprend la navigation décrite dans l'art. 3 de la même ordonnance, et dans celle du 12 février 1815 (2). — On appelle *voyages de long cours* ceux qui se

---

3° D'assurer le maintien des bonnes mœurs et de la décence publique dans les ateliers, usines et manufactures.

Nous rapporterons cette loi dans l'Appendice avec les règlemens d'administration publique qui vont être rendus pour son exécution.

(1) *Cabotage*, de l'espagnol CABO, *cap*, ce mot exprime l'action de naviguer de cap en cap.

(2) L'ordonnance du 18 octobre 1740 s'exprime en ces termes sur le petit cabotage: « Sera néanmoins réputée navigation au petit cabotage celle qui se fera par les bâtimens expédiés dans les ports de Bretagne, Normandie, Picardie et Flandre, pour ceux d'Ostende, Bruges, Nieuport, Hollande, Angleterre,

font aux Indes orientales et occidentales, à la mer Pacifique, au Canada, à Terre-Neuve, au Groënland et autres côtes et îles de l'Amérique méridionale et septentrionale, aux Açores, aux Canaries, à Madère, et dans toutes les côtes et pays situés sur l'Océan, au-delà des détroits de Gibraltar et du Sund (377) (1).

Écosse et Irlande; celle qui se fera par les bâtimens expédiés dans les ports de Guyenne, Saintonge, pays d'Aunis, Poitou et îles en dépendant, sera fixée depuis Bayonne jusqu'à Dunkerque exclusivement, conformément à l'art. 11 du règlement du 23 janvier 1727, concernant ladite navigation; celle qui se fera pareillement par les bâtimens expédiés dans les ports de Bayonne et Saint-Jean-de-Luz à ceux de Saint-Sébastien, du Passage et de La Corogne, jusqu'à Dunkerque inclusivement; et pour ce qui concerne les bâtimens qui seront expédiés dans les ports de Provence et de Languedoc, sera réputée navigation au petit cabotage celle qui se fera depuis et y compris les ports de Nice, Villefranche, et ceux de la principauté de Monaco, jusqu'au cap de Creuz, ainsi qu'il est énoncé par l'art. 11 du règlement du 13 août 1726, concernant ladite navigation, et ce, nonobstant ce qui est porté par ledit règlement du 20 août 1673, auquel et à tout autre à ce contraire S. M. a dérogé pour ce regard seulement. — Art. 4. Veut et entend S. M. que tous les autres voyages non compris dans les art. 1 et 2 de la présente ordonnance soient censés et réputés au petit cabotage. »

L'ordonnance du 12 février 1815 est ainsi conçue. « Art. 1er. Les limites du petit cabotage dans la Méditerranée, qui étaient fixées par l'ordonnance du 18 octobre 1740 aux ports compris depuis le cap Creuz jusqu'à Monaco, sont étendues, du côté de l'est, jusques et compris Naples, et du côté de l'ouest, juques et compris le port de Malaga. — Art. 2. La navigation aux îles de Corse, de Sardaigne et îles Baléares, sera aussi réputée être navigation du petit cabotage. — Art. 3. Sera, au surplus, ladite ordonnance du 18 octobre 1740 exécutée en tout ce qui n'est pas contraire à la présente.... »

Une ordonnance royale, rendue en conseil d'État le 17 septembre 1838, décide que les voyages d'un port français de la Méditerranée dans un port de l'Algérie, doivent être considérés comme voyages de grand cabotage; et que dès-lors, les propriétaires des navires qui font ces voyages sont soumis à la patente du grand cabotage. (SIREY, XXXIX-2-556.)

(1) Les intérêts généraux du commerce sont confiés à des corps qui les mettent en rapport avec le pouvoir.

1o Au premier degré, et dans les localités, sont établies;

Les CHAMBRES CONSULTATIVES DES MANUFACTURES, FABRIQUES, ARTS ET MÉTIERS, composées de six membres élus parmi les manufacturiers qui ont exercé leur industrie pendant au moins cinq années. Les membres dont elles se composent restent en fonctions pendant trois ans, et se renouvellent par tiers. Ces chambres sont chargées de faire connaître les besoins et les moyens d'amélioration des manufactures, fabriques, arts et métiers.

Les CHAMBRES DU COMMERCE, composées de neuf ou de quinze membres

3. — On désigne sous le nom de *commerçans* ceux qui font leur profession habituelle de l'exercice des actes de commerce (art. 1 C. de comm.).

On appelle *négociant*, « un commerçant dont les spéculations embrassent indistinctement l'achat et la vente en gros de tous genres de marchandises, ou dont le commerce réunit à l'achat et à la vente, des opérations de banque, lorsque ces opérations n'ont pas assez d'étendue et d'importance pour faire classer leur auteur parmi les banquiers. » (*Décision du ministre des finances du* 30 septembre 1817, *rendue sur l'avis conforme du comité du conseil d'État attaché à ce département, pour l'application de l'art.* 56 *de la*

élus et renouvelés comme ceux des chambres consultatives. Elles ont pour attributions de donner au gouvernement les avis et les renseignemens qui leur sont demandés sur les faits et les intérêts industriels et commerciaux; de présenter leurs vues sur l'état de l'industrie et du commerce, sur les moyens d'en accroître la prospérité, et sur les améliorations à introduire dans toutes les branches de la législation commerciale, en y comprenant le tarif des douanes, etc., etc. Elles correspondent sur ces différens objets avec les chambres consultatives de leur circonscription et avec le ministre du commerce.

2° Au deuxième degré, et dans le lieu où siége le gouvernement;

Le CONSEIL GÉNÉRAL DU COMMERCE et le CONSEIL GÉNÉRAL DES MANUFACTURES. Ces deux conseils constituent, avec le CONSEIL D'AGRICULTURE, les trois grands corps qui représentent chacune des branches de l'industrie nationale. C'est dans leur sein que viennent se centraliser les documens fournis par les chambres de commerce et par les chambres des manufactures.

Le conseil général du commerce est composé de membres nommés par les chambres du commerce, et pris soit dans leur sein, soit dans leur circonscription.

Le conseil général des manufactures est composé de cinquante membres au moins, et de soixante au plus. Chacune des chambres consultatives en nomme un, et les autres sont choisis par le ministre parmi les manufacturiers pris dans les industries spéciales auxquelles les nominations faites par les chambres consultatives n'ont pas donné des organes.

Les fonctions des membres de chacun de ces conseils durent trois années. Ils tiennent une session annuelle, et ils peuvent être convoqués extraordinairement par le ministre du commerce. Ils délibèrent et émettent des vœux sur les propositions et les réclamations de leurs membres, faites soit en leur propre nom, soit au nom des chambres du commerce, des chambres consultatives, ou des parties intéressées qui les en auraient chargées. Ils émettent aussi leur avis sur les questions que le ministre du commerce juge à propos de leur adresser.

3° Au premier degré, et au-dessus de ces conseils, est placé le CONSEIL SUPÉ-

loi du 25 mars 1817, *qui distingue les négocians des marchands en gros au sujet de la patente*) (1).

On désigne particulièrement sous le nom de *marchands* ceux qui spéculent sur l'achat et la revente des marchandises (2). L'art. 30 de la loi du 1er brumaire an VII, sur l'impôt de la patente, répute « *marchands en gros*, quel que soit leur commerce, tous ceux qui font des reventes sous les enveloppes usitées pour les premières entrées dans le commerce des objets commerçables. » — Le *marchand en détail* est celui qui sert d'intermédiaire entre le producteur ou le marchand en gros et le consommateur, en vendant à ce dernier les marchandises.

« Sont réputés *fabricans* ou *manufacturiers* tous ceux qui convertissent des matières premières en des objets d'une autre forme ou qualité, soit simple, soit composée, à l'exception

---

RIEUR DU COMMERCE, qui résume tous les élémens antérieurs, et qui forme le centre d'unité vers lequel viennent converger les délibérations et les vœux pour pouvoir être coordonnés. Il se compose d'un président et de onze membres nommés par le roi, d'un douzième membre nommé par le ministre des finances, et des présidens des conseils généraux du commerce, des manufactures et du conseil d'agriculture.

Le conseil supérieur peut être entendu sur les projets de lois et ordonnances concernant le tarif des douanes et leur régime en ce qui intéresse le commerce, sur les projets de traités de commerce ou de navigation, sur la législation commerciale des colonies, sur le système des encouragemens pour les grandes pêches maritimes, et surtout sur les vœux des conseils généraux du commerce, des manufactures et du conseil d'agriculture. Il donne des avis sur toutes les questions que le ministre juge convenable de lui renvoyer, et, sur son autorisation, il procède à des enquêtes orales, lorsqu'elles sont nécessaires.

Voyez sur cette matière les dispositions suivantes: 22 germinal an XI, *lois qui crée les* CHAMBRES CONSULTATIVES. — 10 thermidor an XI, *arrêté qui les organise.* — 3 nivôse an XI, *arrêté qui établit les* CHAMBRES DE COMMERCE. — 16 juin 1832, *ordonn. règlementaire sur les chambres du commerce et les chambres consultatives des arts et manufactures.* — 3 nivôse an XI, 27 juin 1810, *arrêté et décret portant création du* CONSEIL DU COMMERCE *et du* CONSEIL DES MANUFACTURES. — 23 août 1819, 9 février 1825, 16 juin 1830, *ordonn. portant réorganisation.* — 29 avril 1831, *odonnance portant organisation définitive des conseils du commerce, des manufactures, de l'agriculture et du* CONSEIL SUPÉRIEUR *du commerce.* — 15 décembre 1832, *ordonn. fixant le nombre des membres du* CONSEIL GÉNÉRAL DES MANUFACTURES.

(1) CORMENIN, *Questions de droit administratif*, Appendice, p. 73.

(2) MARCHAND, en italien *mercante*, du latin MERCATOR, *quasi mercium actor.*

néanmoins de ceux qui manipulent les fruits de leur récolte. » (Même loi du 1er brumaire an VII, art. 32.)

Les *commissionnaires* se chargent, moyennant une rétribution de tant pour cent appelée *droit de commission*, d'agir et de faire des opérations pour le compte de leurs commettans. Ils traitent en leur nom, et ils s'engagent personnellement envers les tiers avec lesquels ils contractent (91).

Les *banquiers* spéculent sur l'argent et sur les papiers de crédit (1). Ils font la *banque de commission* lorsqu'ils se chargent, moyennant la perception d'un droit, de faire accepter les lettres de change, d'en procurer le paiement à l'échéance et d'en faire parvenir le montant dans les lieux convenus.

Les *armateurs* sont ceux qui équipent des navires pour le transport des marchandises et des passagers, soit comme propriétaires, soit comme locataires ou affréteurs, ou qui arment des navires en course pour croiser sur l'ennemi, en temps de guerre maritime.

4. — On remarque que le législateur emploie quelquefois les expressions *négocians*, *marchands*, pour désigner collectivement toutes les personnes qui sont régies par le droit commercial et sans y attacher un sens spécial relatif à une classe particulière d'opérations. On en trouve des exemples dans les art. 220, 1326, 1329, 1330 du code civil, 872 du code de procédure civile, 4, 5, 7 du code de commerce. Ainsi, on conçoit que les dispositions des art. 220 du code civil et 5 du code de commerce, qui accordent à la femme *marchande publique* la capacité nécessaire pour s'obliger sans le consentement de son mari pour tout ce qui concerne son négoce, seraient aussi bien applicables à celle qui exploiterait une manufacture en son nom, ou qui ne ferait que la banque, qu'à celle qui se borne à acheter pour revendre.

Dans d'autres dispositions, le législateur a fait une énumération inutile et souvent incomplète, en accumulant les expressions *commerçans*, *marchands*, *banquiers*, comme si elles avaient des significations distinctes et lorsque les règles qu'il traçait étaient

(1) Le nom de *banquiers* leur vient de l'italien *banco*, *banca*, qui désignait anciennement le comptoir que ceux qui faisaient le commerce de l'argent avaient dans le lieu public où ils se tenaient habituellement. — On brisait le banc de celui qui avait disparu et qui ne remplissait pas ses engagemens; de là est venu le mot *banqueroute* (banca rotta). (SAVARY, *Dictionnaire général du commerce*, vº *Banque*.)

cependant applicables à tous ceux qui se livrent au commerce (C. civ. 1308, 1445. — C. de comm. 631, 2°; 632). Il n'y a, en cela, qu'inexactitude dans la rédaction, car sa pensée ne saurait être douteuse. Ainsi, les obligations souscrites par un *manufacturier*, par un *armateur*, même par un *agent de change*, par un *courtier*, sont considérées comme constituant des actes de commerce; quoique l'art. 632 de notre code ne parle dans l'énumération qu'il fait, que des engagemens entre *négocians*, *marchands* et *banquiers*, il est évident que les rédacteurs de la loi ont entendu embrasser par ces expressions tous ceux qui sont considérés comme *commerçans*. On en trouve la preuve dans l'art. 636, qui soumet à la juridiction commerciale les billets à ordre souscrits pour fait de commerce, et qui énumère les opérations de *commerce*, *trafic*, *change*, *banque* ou *courtage*.

5.—On entend par *droit commercial* l'ensemble des règles *spéciales* qui régissent les rapports qui ont pour objet des bénéfices à faire au moyen de la production manufacturière, de l'échange ou du transport des produits divers de la nature et de l'industrie (1).

On voit, d'après cette définition, que le droit commercial proprement dit ne comprend que les règles particulières au commerce et non celles qui lui sont communes avec les autres actes de la vie civile. Les opérations du commerçant embrassent presque tous les contrats, et restent régies par le droit commun toutes les fois que le droit commercial n'offre pas des règles spéciales. C'est l'ensemble de ces règles particulières modifiant la position juridique des personnes qui font du commerce leur profession habituelle et régissant les engagemens commerciaux, qui fait l'objet du code de commerce.

6. — Considéré sous le point de vue pratique, le droit commercial peut se diviser en *droit commercial écrit*, et en *droit commercial non écrit* (2). — Le *droit commercial écrit* embrasse l'ensemble

(1) PRODUIRE, c'est, dans le langage de l'économie commerciale, donner à la matière de la valeur en la rendant propre à satisfaire les besoins de l'homme. Ainsi, par exemple, l'habile ouvrier qui natte avec art des brins de paille pour en faire ces élégans chapeaux d'Italie qui parent les femmes en été, donne à une matière première qui ne vaut que quelques centimes une valeur qui peut s'élever à des centaines de francs. Le commerçant qui fait transporter des huiles de la Provence à Paris, donne à ces huiles une nouvelle valeur en les rapprochant du lieu où elles doivent être livrées au consommateur.

(2) Les Romains avaient mis les usages au nombre des sources du droit;

des règles obligatoires promulguées par le souverain et formulées dans des textes écrits.—Le *droit commercial non écrit* se compose de l'ensemble des coutumes introduites par la pratique journalière du commerce et généralement manifestées par l'assentiment des commerçans qui les observent comme expression publique du droit et de leur volonté commune.

Ces coutumes servent de complément au droit écrit, en suppléant à ce qu'il n'a pas expressément prévu. On suppose facilement que les parties ont entendu se soumettre aux usages qu'elles sont censées connaître, lorsqu'aucun de leurs actes ne manifeste l'intention d'y déroger. Cependant il ne faut pas perdre de vue que l'usage ne doit jamais empêcher l'application d'une disposition expresse de la loi (1).

Ce que je dis sur l'autorité des usages commerciaux, ne me paraît que l'expression de la pensée que le législateur a lui-même manifestée. On remarque que la loi du 15 septembre 1807, relative à l'exécution des dispositions du code de commerce, n'abroge pas ces usages, et se borne à déclarer en ces termes dans son art. 2, qu'à dater du 1er janvier 1808 « toutes les *anciennes* « *lois* touchant les matières commerciales sur lesquelles il est « statué par le dit code, *sont abrogées.* » Les opérations multipliées au moyen desquelles le commerce s'exerce présentent, en effet, des détails si divers et si variables qu'il convenait de ne pas tout prévoir dans la loi et de laisser aux tribunaux la faculté de baser leurs jugemens sur les usages, qui peuvent si souvent servir de guide, en matière d'obligations, pour apprécier l'étendue et la nature des engagemens auxquels les parties ont entendu se soumettre. — V. les art. 1160 et 1873 du Code civil.

Les mêmes motifs n'existaient pas par rapport au droit civil qui régit des matières d'un autre ordre, qui doit offrir plus de fixité et qui peut, par conséquent, subir une rédaction plus dé-

---

« Constat autem jus nostrum aut *ex scripto*, aut *ex non scripto...—Ex non scripto* jus venit quod usus comprobavit. Nam diuturni mores consensu utentium comprobati legem imitantur » (*Instit.*, lib. I, t. II, §§ 3 et 9.)

« Sed ea quæ longa consuetudine comprobata sunt, ac per annos plurimos observata, velut tacita civium conventio, non minùs quàm ea quæ scripta sunt jura servantur. » (*Hermogenianus*, L. 35, D. *de legib.* I, 3.)

(1) Consuetudinis usûsque longævi non vilis auctoritas est : verùm non usquè adeò sui valitura momento, ut rationem vincat, aut legem. » (L. 2, C. *quæ sit longa consuetudo*, VIII, 53.)

taillée. C'est aussi pour cela, que la loi du 30 ventôse an XII s'exprime dans des termes différens de ceux de la loi du 15 septembre 1807. En ordonnant que les lois civiles seront réunies en un seul corps qui formera le code civil, elle déclare d'une manière expresse, dans son art. 7, que *les lois romaines, les ordonnances, les coutumes générales ou locales, les statuts, les règlemens* cessent d'avoir force de loi dans les matières qui font l'objet de ce code. Le code de procédure abroge aussi expressément, dans son art. 1041, toutes les lois, *coutumes, usages* et règlemens relatifs aux formes judiciaires.

On peut enfin invoquer, pour justifier l'application des règles qu'établissent les usages commerciaux, un avis du conseil d'État du 13 décembre 1811, approuvé le 22 du même mois, qui n'a pas été inséré, il est vrai, au Bulletin des lois, mais qui n'en exprime pas moins l'opinion de ce corps éclairé sur la question qui nous occupe. Cet avis, rapporté par M. Pardessus dans une note de la deuxième page de son *Cours de droit commercial*, est conçu en ces termes : « *Le conseil d'État*, etc... est d'avis qu'il n'y a pas lieu, « dans l'état actuel des choses, à interpréter les articles du code « de commerce indiqués par le ministre de l'intérieur ; mais que « les tribunaux de commerce doivent juger les questions parti- « culières qui se présentent suivant leur conviction, d'après les « termes et l'esprit du code, et, en cas de silence de sa part, « d'après le droit commun et *les usages du commerce.* » (*Minutes du conseil d'État*, 46-805) (1).

L'usage ne pouvant acquérir force de loi qu'autant que la

---

(1) Les auteurs d'un ouvrage estimable sur le contrat de commission, MM. DELAMARRE et LEPOITEVIN, pensent que ce n'est point par oubli, mais bien parce qu'elle contient une erreur grave, que cette décision est demeurée inédite. Ils lui reprochent de n'indiquer l'usage pour règle qu'à défaut de disposition expresse du droit commun. J'admets sans doute, avec ces savans jurisconsultes, la règle formulée par CASAREGIS : *Mercatorum stylus et consuetudo prævalere debet juri communi.* Cependant, sans m'expliquer le motif pour lequel cet avis du conseil d'État est resté, comme beaucoup d'autres, inédit, je ne pense pas qu'il contienne l'erreur à laquelle ils croient pouvoir attribuer sa non insertion au Bulletin des lois. Il suffit d'en peser les termes pour voir que le conseil d'État a indiqué à la fois le droit commun et les usages du commerce, pour suppléer au silence du code. Il ne dit pas qu'on prendra d'abord le droit civil pour règle, et qu'à défaut seulement de disposition dans ce droit, on prendra pour base l'usage; il renvoie en même temps au droit commun et

règles qu'il consacre est généralement connue et suivie, il s'ensuit qu'il ne peut résulter que de faits multipliés, publics, uniformes et pratiqués par la généralité des commerçans, non contraires aux dispositions d'ordre public de la loi écrite et aux principes généraux de l'équité et du droit.

Les usages commerciaux peuvent être établis devant les tribunaux par tous certificats et pièces attestant la pratique du commerce, par des actes de notoriété délivrés par les chambres de commerce, par des courtiers, et enfin par des enquêtes, lorsque les magistrats jugent qu'il est convenable de les ordonner.

On donne particulièrement le nom de PARÈRES aux renseignemens en forme d'avis ou de consultation délivrés par des commerçans pour constater ou expliquer un usage commercial. Les parères sont souvent demandés par les juges qui ont besoin de s'éclairer pour le jugement des contestations qui leur sont soumises, et ils ne valent que comme renseignemens, sans avoir aucune force obligatoire (1).

7. — Après ces premiers aperçus nécessaires pour rendre plus facile l'entente des matières à parcourir, je vais exposer les règles

---

à l'usage, pour qu'on puisse les prendre pour guide selon les circonstances particulières que pourraient offrir les cas sur lesquels on aurait à statuer. (*Traité du contrat de commission*, t. I, p. 652, n. 368.)

Le code de commerce du royaume de Hollande, mis en vigueur en 1838, présente dans son art. 1er, une disposition qui porte que le code civil est applicable aux affaires commerciales, en tant qu'il n'y est pas dérogé spécialement par le code de commerce. Cette addition à notre code, dont le législateur hollandais a reproduit l'ensemble et souvent les termes, ne me paraît pas heureuse. Le principe qu'elle consacre tend à confondre des rapports d'un ordre différent, qui ont bien certains points de contact, mais qu'il importe de laisser sous le plein empire du droit particulier qui doit les régir. Cet article, qui renverse la maxime de Casaregis, peut devenir fécond en conséquences fâcheuses pour le commerce, dont les usages sont si souvent contraires aux règles que la loi civile a dû formuler comme conséquence des rapports qui lui sont particuliers en matière de contrats. Mieux valait dire que le code civil ne serait applicable au commerce que dans celles de ses dispositions auxquelles la loi commerciale se serait référée, ou qui n'offriraient rien de contraire aux usages commerciaux.

(1) PARÈRE, de l'italien MI PARE ; *il me paraît*, parce que le commerçant qui écrit son avis se sert ordinairement de cette locution. (SAVARY, *Parfait négociant*, préface du t. II, p. 8. — V. MERLIN, *Répertoire de jurisprudence*, v° Parère.)

qui font l'objet du premier livre du code de commerce. Pour suivre l'ordre tracé par ce code et le plan que j'ai adopté, je m'occuperai dans autant de titres.

I. *Des actes de commerce et des commerçans;*

II. *De la comptabilité commerciale et des livres de commerce;*

III. *Des sociétés commerciales;*

IV. *De la publicité à donner aux contrats de mariage des commerçans et aux séparations de biens;*

V. *Des bourses de commerce, des agens de change et des courtiers;*

VI. *Du contrat de commission;*

VII. *Du change, de la lettre de change, du billet à ordre et des autres papiers commerçables, ainsi que de la prescription en matière de lettres de change et de billets à ordre.*

TITRE Ier.

DES ACTES DE COMMERCE ET DES COMMERÇANS.

SOURCES.

Ancien droit. Ordonnance de 1673, titre I, art. 1, 2, 3, 4, 5, 6. — Coutume de Paris, art. 234, 235, 236.—Ordonnance de 1673, titre XII, art. 2, 3, 4, 5, 6, 7, 10. — Ordonnance de 1681, titre II, art. 1, 2, 3.

Droit actuel. Code de comm., art. 1-7; art. 631-633; art. 636-638. — Code civil, art. 215, 220-225; 487.

BIBLIOGRAPHIE.

Dalloz, Jurisprudence générale, vis Commerce (actes de) et Commerçant.— Favard de Langlade, Répertoire de la nouvelle législation civile, commerciale et administrative, vis Actes de commerce et Commerçant.—Merlin, Répertoire de jurisprudence, v° Commerce; Questions de droit, v° Commerce (actes de).

SOMMAIRE.

8. *Le code de commerce ne régit que les* actes *qu'il définit et les* personnes *qu'il désigne.— Division de ce titre.*

8.—Le droit civil proprement dit régit en général, comme droit commun, la capacité juridique des personnes, et tous les rapports de famille et d'intérêt privé que la vie sociale établit entre les habitans d'un même état. Le droit commercial, au contraire, offre des règles exceptionnelles, qui ne régissent que certains actes définis par la loi (C. civ. 1107 — C. com. 631) et certaines personnes qui réunissent les conditions qu'elle a déterminées (C. comm. 1). Il importe donc de rechercher d'abord quels sont les actes, quelles sont les personnes qui se trouvent régis par les règles particulières qui font l'objet du code de commerce. Nous nous occuperons dans deux chapitres séparés, d'abord des *actes de commerce*, ensuite des personnes auxquelles la qualité de *commerçant* est attribuée.

CHAPITRE Ier.

Des Actes de Commerce.

SOMMAIRE.

9. *Définition et classement des actes de commerce. — Division de ce chapitre.*

---

9. — On donne la qualification *d'actes de commerce* aux opérations qui ont pour objet l'exercice du commerce, et qui réunissent les caractères déterminés par la loi.

Sous l'empire de la législation qui nous régit, toute personne capable de contracter peut faire des actes de commerce. Il s'ensuit que la législation commerciale doit régir les faits commerciaux indépendamment de la qualité des personnes dont ils émanent, puisqu'il n'est pas nécessaire d'être commerçant pour exercer des actes de commerce.

Il est cependant certains engagemens qui ne peuvent être réputés commerciaux que par une présomption déduite de la qualité de commerçans que possèdent ceux qui les ont consentis. Tel est, par exemple, le simple billet souscrit par un commerçant, qui n'est régi par le droit commercial qu'à raison de la qualité du signataire, qui peut seule faire présumer qu'une telle obligation a pour cause l'exercice du commerce.

C'est en se basant sur ces principes que le code définit et énu[illegible]s actes de commerce, qu'il range dans deux classes.

La première comprend ceux qui sont réputés commerciaux entre toutes personnes (631,2°), soit à raison de la nature commerciale des opérations qui les constituent, soit à raison de la spéculation commerciale qui en fait l'objet. Les opérations de banque, les lettres de change, les contrats maritimes doivent être mis au nombre des premiers; l'achat d'objets mobiliers pour les revendre ou pour en louer l'usage, peut fournir des exemples des seconds.

La deuxième classe comprend les engagemens des commerçans qui ne sont réputés commerciaux qu'à raison de la qualité de ceux qui les ont consentis.

En suivant ce classement tracé par la loi, ce chapitre se trouvera divisé en deux sections.

La première comprendra les actes réputés commerciaux entre toutes personnes.

La seconde comprendra ceux qui ne sont réputés commerciaux qu'autant qu'ils émanent des commerçans.

SECTION Ire.

DES ACTES RÉPUTÉS COMMERCIAUX ENTRE TOUTES PERSONNES.

SOMMAIRE.

10. *Classement de ces actes.*

---

10. — Les actes de commerce qui font l'objet de cette section se réfèrent :

1° Aux achats et ventes, et au louage des choses ;

2° Au louage d'ouvrage;

3° Au contrat de change et aux opérations de banque;

4° Au commerce maritime.

Au moyen de ce second classement puisé dans la nature des contrats constitutifs des actes considérés comme commerciaux, entre toutes personnes, cette section se trouve divisée en quatre paragraphes.

§ 1er.

ACHAT ET VENTE, LOUAGE DES CHOSES.

SOMMAIRE.

11. *Disposition de l'art.* 632, § 1er.
12. *L'expression* ACHAT *s'applique à ce qu'on acquiert par* TROC *ou* ÉCHANGE.
13. *L'*ACHAT *et la* VENTE *doivent être considérés séparément.*
14. *De l'*ACHAT. — *Le seul achat de chôses mobilières peut constituer un acte de commerce. — Denrées. — Marchandises. — Les immeubles ne peuvent pas être l'objet d'un acte de commerce.*
15. *C'est la* DESTINATION *assignée à la chose achetée qui donne à l'achat les caractères d'un acte de commerce. — L'achat de la coupe d'un bois pour en revendre le produit constitue un acte de commerce.*
16. *La qualité de l'acheteur ne rend pas l'achat commercial. Exemples d'un commerçant qui ne fait pas acte de commerce en achetant, et d'un non commerçant qui fait acte de commerce.*
17. *L'achat fait pour la propre consommation de l'acheteur ne constitue pas un acte de commerce..... lors même qu'à suite d'un changement de destination, les choses achetées seraient revendues avec bénéfice.*
18. *Au contraire, l'achat de marchandises destinées à être revendues, constitue un acte de commerce, lors même que la revente n'aurait pas lieu.*
19. *La spéculation d'un bénéfice à faire sur la chose achetée doit être la cause principale de l'achat. — Exemples du vigneron qui ne fait pas acte de commerce en achetant les futailles qu'il revend avec ses vins.... de l'ouvrier qui achète des outils.*
20. *L'achat des meubles incorporels pour les revendre constitue un acte de commerce.*
21. *L'achat d'un fonds de commerce comprenant l'achalandage et les marchandises, constitue un acte de commerce.*
22. *L'achat de marchandises pour en louer l'usage, constitue un acte de commerce.*
23. *L'agriculteur qui achète des bestiaux pour les revendre après les avoir engraissés, ne fait qu'une spéculation agricole.* — Aliud *du mar-*

chand de bestiaux qui ne considère ses immeubles que comme des moyens d'exploitation de son commerce.

24. *De l'achat de matières premières pour les revendre après les avoir mises en œuvre. Il offre une double spéculation sur la location du travail des ouvriers et sur la revente.*

25. *Le peintre qui achète sa toile et ses couleurs, l'auteur qui achète le papier pour l'impression de l'ouvrage qu'il se propose de vendre,* etc., *ne font pas acte de commerce.*

26. *Celui qui* LOUE *des objets mobiliers pour les* SOUS-LOUER, *fait acte de commerce.*

27. *De la* VENTE. — *Elle constitue de la part du marchand et de celui qui avait acheté pour revendre, un acte de comm rce. — Réfutation de l'opinion de M. Dalloz. — L'action en résolution d'une vente intentée par un propriétaire contre un marchand de bestiaux, doit être portée devant le tribunal de commerce.*

28. *Le propriétaire qui vend le produit de ses domaines ne fait pas acte de commerce.*

29. *Une même vente peut être régie par la loi civile, par rapport au vendeur, et par la loi commerciale, par rapport à l'acheteur.*

30. *Des* ENTREPRISES DE FOURNITURES. — *Elles constituent des actes de commerce.*

31. *Cas dans lequel elles ne constituent pas un acte de commerce de la part de ceux auxquels les fournitures sont faites.*

32. *Exemple d'une entreprise qui ne constitue pas un acte de commerce de la part de l'entrepreneur, et qui constitue un acte de commerce de la part de celui auquel les fournitures doivent être faites. — Dissentiment avec M. Carré.*

33. *Des marchés de fournitures passés avec l'État. — Compétence de l'administration. — Compétence des tribunaux.*

—

11. — On peut principalement spéculer de trois manières sur les choses mobilières.

En les achetant pour les revendre avec bénéfice; c'est ce qu'on appelle faire le commerce des marchandises. Celui qui achète pour revendre s'établit comme intermédiaire entre le producteur et le consommateur, pour faciliter à l'un le débit des objets dont il veut se défaire, et à l'autre l'acquisition de ceux dont il a besoin. Ses soins sont rétribués au moyen de la différence qu'il obtient entre le prix d'achat et le prix de revente.

On peut, en second lieu, spéculer en achetant des objets mobiliers, pour ne les revendre qu'après leur avoir fait subir des transformations qui les rendent plus propres à satisfaire les besoins. La spéculation repose, dans ce cas, sur l'achat des matières premières, sur la location du travail, sur la vente des objets manufacturés.

Enfin on peut encore spéculer en achetant des choses mobilières pour en louer simplement l'usage; dans ce dernier cas, les bénéfices s'obtiennent au moyen de l'achat et du louage.

L'*achat*, la *vente* et le *louage* constituent donc, dans ces trois hypothèses, des contrats commerciaux par la destination assignée aux choses achetées, et doivent être régis comme tels par le droit commercial. C'est ce que le législateur a entendu consacrer dans la première disposition de l'art. 632 du code de commerce, qui est conçue en ces termes: «La loi répute acte de commerce tout ACHAT de denrées et marchandises pour les REVENDRE, soit *en nature*, soit *après les avoir travaillées et mises en œuvre*, ou même pour en LOUER *simplement l'usage* (1). »

12.—On doit d'abord remarquer que l'expression ACHAT est évidemment employée, dans cet article, dans sa signification la plus large, qui comprend tous les modes d'acquérir à titre onéreux. Ainsi l'acquisition d'une chose faite dans un but mercantile, au moyen d'un autre objet livré pour l'obtenir, prendra le nom d'*échange* ou de *troc*, mais n'en constituera pas moins un acte de commerce. C'est même de cette manière qu'on trafique avec les peuples non civilisés qui ne connaissent pas l'usage des monnaies (340) (2).

---

(1) Le code espagnol promulgué en 1829, reproduit dans des termes plus clairs et plus explicites cette disposition du code français. « Pertenecen á la clase de mercantiles las compras que se hacen de cosas meubles *con animo de adquirir sobre ellas algun lucro, revendiéndolas*, bien sea en la misma forma que se compraron, ó en otra diferente , y las reventas de estas mismas cosas (art. 359).

(2) DUMOULIN enseigne que l'expression *vente* embrasse, dans certains cas, tous les actes d'aliénation à titre onéreux. Il ajoute, « quod est limitandum nisi concurrat rationis identitas et favor, aut nisi appareat mentionem venditionis non esse factam propter se, sed propter alium certum finem, qui æquè impletur et habetur per alium modum vel actum. » *Comment. in consuetud.* PARIS. t. II, art 78, gloss. 1 et 3.

La monnaie fonctionne dans le commerce comme *mesure de la valeur* des

Il en résulte que celui qui donnerait les vins de son crû pour avoir des blés qu'il ne prendrait que pour spéculer en les revendant, ferait acte de commerce, lors même qu'il ne serait pas commerçant. Il est vrai que la seule vente de ses vins n'eût pas constitué un acte de commerce (638), mais l'acquisition qu'il a faite des blés avec intention de les revendre et en vue d'un bénéfice, suffit pour donner à son opération les caractères d'un acte de commerce qui doit le soumettre à la juridiction commerciale.

13.—Le mot *achat* et le mot *vente* expriment deux actes co-relatifs, constitutifs d'un seul contrat, mais qui peuvent cependant être considérés séparément par rapport à chacune des parties.

14. — L'achat, pour constituer un acte de commerce, doit avoir pour objet des *denrées* et *marchandises* (632).

On donne particulièrement le nom de *denrées* aux productions

---

choses, comme *instrument* propre à opérer les échanges, (*sensu lato*) comme *marchandise*.

Les échanges qui constituent le commerce des marchandises peuvent s'opérer de trois manières.

Par *troc* direct sans évaluation monétaire; par exemple, lorsqu'une boîte de poudre à feu est échangée contre une caisse d'épiceries.

Avec fixation d'un prix pour la détermination de la valeur respective des objets échangés. Par exemple, *Primus* fournit à *Secundus* des huiles au prix de 50 fr. le quintal. *Secundus* fournit à *Primus* des sucres au prix de 50 fr. le quintal. Leur crédit et leur débit se compensent, et la balance de leurs comptes opère ainsi leur libération respective. La monnaie, dans ces opérations, ne remplit qu'un rôle nominal, et ne sert que de dénominateur commun pour la détermination de la valeur des choses échangées, et pour l'extinction des créances et des dettes respectives par compensation.

Les échanges s'opèrent encore indirectement par l'emploi de la monnaie comme mesure de la valeur et comme instrument. *Primus* a des velours dont il veut se défaire pour se procurer des draps. *Secundus* veut acheter des velours; *Tertius* veut vendre des draps. *Primus* vend ses velours à *Secundus* qui n'a pas de draps à lui livrer, mais qui lui en paie la valeur en espèces. Il se sert ensuite de ces mêmes espèces pour acheter les draps de *Tertius*. En résultat, *Primus* n'a fait qu'échanger ses velours contre les draps de *Tertius*, et le numéraire n'a servi, dans ces opérations, qu'à mesurer la valeur respective des objets échangés et à en exécuter l'échange.

Enfin le numéraire, comme instrument utile pour les échanges et comme métal, a une valeur qui lui est propre, devient une véritable marchandise donnant lieu à des opérations qui constituent le commerce de l'argent, dont je parlerai plus amplement en traitant des banques et du change.

destinées à la nourriture et à l'entretien des hommes et des animaux.

On désigne généralement sous le nom de *marchandises* tout ce qui est réputé mobilier, qui est dans le commerce, et dont l'achat, la vente ou le louage peuvent être l'objet d'une spéculation ou d'un trafic (C. comm. 632; C. pén. 419.) (1).

D'après ces règles et les termes dans lesquels la loi est conçue, on est amené à décider que l'achat des seules choses *mobilières* peut constituer un acte de commerce. On ne saurait donc considérer comme faisant des actes de commerce les nombreux trafiquans qui font métier, à l'époque actuelle, d'acheter des immeubles dans le seul but de réaliser des bénéfices en les revendant en parcelles. Ils restent soumis, quant à leurs acquisitions, aux dispositions de la loi civile, qui doit seule régir les aliénations d'immeubles, et ils ne sont justiciables que de tribunaux ordinaires (2). Cependant, s'ils souscrivaient ou endossaient habituellement des lettres de change, même à l'occasion de ces opérations, et s'ils spéculaient sur ces effets commerçables, s'ils achetaient des bâtimens pour vendre seulement les matériaux après les avoir mobilisés en les démolissant (C. civ. 332), ils pourraient, à raison de ces opérations particulières seulement, être considérés comme commerçans, et se trouver, comme tels, soumis à la loi commerciale (C. comm. 1).

15. — Nous avons déjà vu que l'achat, pour être réputé acte de commerce, doit constituer une opération commerciale. C'est *la destination* assignée à la chose achetée qui donne à l'achat le caractère d'une spéculation, lorsque cette chose est destinée à être revendue ou à être louée. Ainsi l'achat de la coupe d'un bois fait pour en vendre le produit après l'exploitation, constitue un acte de commerce, parce que les arbres sont mobilisés à mesure que l'acquéreur s'en rend possesseur en les faisant abattre (521

---

(1) V. sur l'étendue de l'expression *marchandise*, l'arrêt de la cour de cassation, du 9 décembre 1836, et le réquisitoire de M. le procureur général Dupin, sur lequel il a été rendu (Sirey, XXXVI-1-881).

(2) Bravard-Veyrières, *Manuel du droit commercial*, p. 908. — Le Code espagnol consacre en ces termes ce principe dans son art. 360 : « No se considerarán mercantiles las compras de bienes raices y efectos accessorios à estos, aunque sean muebles. »

C. civ.) (1). Il en serait autrement de l'achat de la coupe d'un bois fait par un particulier dans le but de se procurer à un prix plus avantageux le combustible nécessaire pour les besoins de sa maison. Cet achat ne saurait être considéré comme un acte de commerce lors même que l'acheteur revendrait à profit la portion des produits qui excéderait ses besoins, s'il avait moins eu en vue, en traitant, une spéculation commerciale que son approvisionnement. Il en serait cependant autrement, si la portion vendue dépassait de beaucoup celle que l'acheteur aurait conservée pour son usage : cette circonstance attesterait qu'il entendait principalement bénéficier sur la revente, et que son achat avait principalement pour objet une spéculation commerciale (2).

16. — Remarquons que la qualité de la personne qui achète est sans influence pour donner à l'achat le caractère d'un acte de commerce qu'il ne reçoit que de la destination assignée à la chose achetée. Ainsi le commerçant lui-même ne fait pas acte de commerce en achetant des denrées et marchandises pour sa propre consommation. L'ordonnance de 1673 offrait sur ce point une disposition expresse que le code a reproduite (638, § 1) (1). Au contraire, le particulier non commerçant qui s'immisce même une seule fois dans le négoce, en achetant des denrées pour les revendre, fait acte de commerce. La vente qui lui a été consentie pourra être établie par tous les genres de preuves admis en matière commerciale par l'art. 109 du code de commerce. Il pourra être cité sans préliminaires de conciliation, devant la juridiction commerciale, et on obtiendra contre lui la contrainte par corps pour le forcer à exécuter les engagemens qu'il a contractés en faisant cet achat.

17. — De ce principe qu'il n'y a acte de commerce que dans le fait de l'achat de choses destinées à être revendues ou louées,

---

(1) Orillard, *de la Compétence des tribunaux de commerce*, n. 287.

(2) Le code de commerce espagnol offre sur ce point une disposition expresse dans son art. 360. « No se considerarán mercantiles — ... la reventa que haga cualquiera persona que no profese habitualmente el commercio del residuo de los acopios que hizo para su propio consumo. Siendo mayor cantidad la que estos tales ponen en venta que la que hayan consumido, se presume que obraron en la compra con animo de vender, y se reputarán mercantiles la campra y la venta. »

(3) Ordonn. de 1673, tit. XII, art. 6.

s'induit cette conséquence nécessaire que *l'intention première* de l'acquéreur peut seule imprimer à l'achat cette qualité. Ce qui intervient après le contrat ne saurait en effet en changer la nature. Supposons donc qu'un particulier ait acheté des étoffes qu'il destinait au moment de l'achat à son propre usage, et qu'il les ait revendues, même avec bénéfice, parce qu'on lui en a offert d'autres qui sont mieux à sa convenance, cet achat suivi d'une revente avec bénéfice, ne constitue pas un acte de commerce, car l'acheteur n'a pas entendu faire une spéculation et ne s'est soumis qu'à la législation civile au moment où il a contracté.

18.—Au contraire, la seule destination non suivie de revente, suffirait pour que l'achat dût être réputé acte de commerce. Ainsi celui qui aurait acheté dans l'intention de vendre, qui aurait manifesté cette intention par des offres de la marchandise achetée, par son exposition sur un marché, serait, à l'occasion de cet achat, régi par la législation commerciale avant d'avoir revendu.

Lors même qu'il ne réaliserait pas la revente, lors même qu'il se déciderait dans la suite à consommer lui-même les choses achetées, il n'en aurait pas moins fait un acte de commerce, et il n'en serait pas moins contraignable par corps, quoiqu'il n'eût rien revendu.

19.—Il faut que les bénéfices à faire sur la revente des choses achetées soient la cause principale de l'achat pour qu'il constitue un acte de commerce. Ainsi, dit Jousse (1), ce serait forcer le sens de la loi que de dire que la vente faite à des vignerons des tonnaux nécessaires pour mettre leurs vins, rend ces derniers justiciables de la juridiction consulaire, parce qu'ils sont dans l'usage de revendre ces tonneaux avec les vins de leur récolte dont ils les remplissent. Il n'y a en effet, dans ce cas, de la part des vignerons, que spéculation sur la vente de leurs récoltes dans les vaisseaux nécessaires pour les renfermer, et cette vente, qui se rattache à l'industrie agricole, ne saurait constituer un acte de commerce (638). Il doit en être de même de l'ouvrier qui achète les instrumens qui lui sont nécessaires pour son travail. Sans doute cet ouvrier fait payer l'usage de ses outils à ceux pour le compte desquels il travaille, ou qui lui achètent les objets qu'il confectionne; mais comme la partie du prix affectée à ses outils n'est que

---

(1) Sur l'art. 4, t. XII de l'ordonn. de 1673, note 3.

l'accessoire de celle affectée au louage de son travail et se confond avec elle, le principal emporte l'accessoire, et la destination assignée à ces outils ne saurait donner à leur achat les caractères d'un acte de commerce (1).

20. — On a demandé si l'achat des *meubles incorporels* pour les revendre pouvait constituer un acte de commerce?

Le code civil répute *meubles par la détermination de la loi* les obligations qui ont pour objet des sommes exigibles ou des effets mobiliers, les actions et intérêts dans les compagnies de finance, de commerce ou d'industrie, les rentes perpétuelles ou viagères soit sur l'État, soit sur des particuliers (529). Tous ces droits peuvent devenir l'objet d'une spéculation de la part de celui qui se les fait transférer pour les revendre ensuite avec bénéfice. Je ne vois pas pourquoi une opération de cette nature ne serait pas régie par la législation commerciale. Remarquons d'abord qu'elle offre tous les caractères d'un fait de commerce de la part de celui qui ne se rend cessionnaire qu'en vue des bénéfices qu'il espère se procurer en consentant des rétrocessions. Le but qu'il se propose, c'est d'obtenir un gain : l'achat et la vente ne sont pour lui que les voies à l'aide desquelles il espère le réaliser. Il ne fait que s'interposer entre ceux qui ont à vendre et ceux qui voudront acheter, dans l'espoir d'être rétribué de ses soins par un profit. Les droits et créances qu'il acquiert ne sont pour lui, dans la réalité, que la marchandise sur laquelle il opère. Or, je le répète, toutes ces circonstances ne donnent-elles pas à l'achat de droits et créances fait pour les revendre, les caractères d'une opération commerciale?

Je sais qu'il a été prétendu que la loi n'avait eu en vue que les choses *corporelles*, en qualifiant dans l'art. 632 d'acte de commerce « tout achat de *denrées* et MARCHANDISES pour les revendre soit *en nature*, soit après les avoir *travaillées et mises en œuvre.* » Il semble, en effet, que les seules choses susceptibles d'être travaillées et mises en œuvre puissent être considérées comme marchandises (2); mais entendre ainsi la loi serait restreindre contrairement à son esprit la signification usuelle des expressions dont elle s'est servie. Nous avons vu que le mot *marchandises* s'applique

---

(1) PARDESSUS, t. I, n. 19. — ORILLARD, n. 259.

(2) ORILLARD, n. 282.

généralement à tout ce qui est susceptible d'être l'objet d'une spéculation et d'un trafic. La cour de cassation n'a pas cru étendre ce mot au-delà de son acception, en décidant que le transport des voyageurs devait être considéré comme une marchandise dans le sens de l'art. 419 du code pénal (1). Il faut dès-lors reconnaître que la dernière disposition de l'art. 632, qui prévoit le cas particulier où les marchandises seront revendues soit en nature, soit après avoir été mises en œuvre, n'ôte rien de sa généralité à l'expression dont le législateur s'est servi.

Reste une seconde objection qu'on pourrait vouloir prendre des formes particulières auxquelles les transports de créances et autres droits sont assujettis par les dispositions du chapitre VIII du Code civil au titre de la vente ; mais ces formes spéciales n'empêchent pas que ces droits et créances ne puissent être l'objet d'une spéculation au moyen d'un achat et d'une revente.

Enfin la loi ne considère-t-elle pas comme commerciales des négociations qui n'ont pour objet que des droits et créances, en mettant au nombre des actes de commerce toutes les opérations de change et de banque ?

Je pense donc que les achats de créances établies par des actes publics ou sous seings privés, faits pour spéculer sur la revente, constituent des actes de commerce, et j'applique la même décision aux achats d'effets publics faits à la Bourse par les spéculateurs (2).

21. — L'achat d'un fonds de commerce, des marchandises et des ustensiles qui en dépendent, comprend deux objets distincts : l'*achalandage* et les *marchandises*. L'achalandage ne saurait être assimilé à une marchandise proprement dite. Celui qui l'achète n'acquiert que la faculté de se substituer au vendeur, de profiter des avantages locaux et des rapports avec les pratiques qui peuvent lui assurer un débit immédiat plus ou moins considérable dans des magasins habituellement fréquentés. L'achat de l'achalandage ne saurait donc constituer par lui-même un acte de commerce, puisqu'il n'offre qu'une cession d'un capital industriel immatériel qui n'est pas destiné à être revendu et à devenir le sujet d'une

---

(1) V. l'arrêt du 19 décembre 1836, cité ci-dessus au n. 14.

(2) M. Orillard, n. 284, embrasse, quant aux achats d'effets publics, une opinion conforme à la nôtre.

spéculation au moyen d'une revente. Il en est autrement de l'achat des marchandises ; cet achat constitue éminemment un acte de commerce. Maintenant la solution que doit recevoir la question de savoir si la vente d'un fonds de commerce qui comprend à la fois l'achalandage et les marchandises est régie par la législation commerciale, dépend du point de savoir si l'achalandage doit être considéré comme l'objet principal de l'acquisition, ou s'il ne doit être considéré que comme un accessoire. Il faut d'abord ne pas perdre de vue qu'à moins qu'il n'y eût deux ventes bien distinctes consenties moyennant des prix différens, le contrat ne saurait être scindé quant à la forme dans laquelle la preuve peut en être faite (1341 C. civ. ; 109 C. comm.), et quant à la juridiction qui doit être nantie de la connaissance des contestations auxquelles il peut donner lieu. Il y a donc nécessité de choisir entre la juridiction civile ou la juridiction commerciale. Or, il nous paraît que celui qui achète un achalandage et un fonds de marchandises a principalement en vue le débit des marchandises dont il se charge et de celles qu'il se propose d'y joindre. L'achat de l'achalandage n'a pour cause que l'espérance d'une vente plus sûre, et se rattache à l'acquisition des marchandises faite dans l'intention de les revendre. Il entre dans la spéculation commerciale que combine l'acquéreur, et dès-lors la législation commerciale devra régir l'entier traité. Souvent, dans des questions de cette nature, nous nous verrons forcé d'avoir recours à l'application de ce principe rationnel que l'accessoire doit être soumis à la même règle que le principal (1).

22. — L'achat constitue un acte de commerce lors même qu'il

---

(1) Les auteurs et la jurisprudence sont encore divisés sur la question de savoir si l'achat d'un fonds de commerce soumet l'acheteur à la juridiction commerciale, à raison des contestations qui s'élèvent sur l'exécution de ce contrat. On peut invoquer à l'appui de l'opinion que nous avons adoptée, celle de Despréaux, *de la Compétence des tribunaux de commerce*, p. 190, n. 336 et 337. —de Horson, t. II, p. 424, Quest. 197 ; d'Orillard, n. 261. — Les recueils judiciaires offrent aussi de nombreux arrêts qui ont consacré la compétence des tribunaux de commerce. On peut notamment citer ceux de la cour de Paris des 11 août 1829, 7 août 1832 et 12 avril 1834. (Sirey, XXIX-2-329 — XXXIII-2-52 — XXXIV-2-616.) — Un arrêt de la cour de Nîmes du 27 mai 1829 (Sirey, XXX-2-212). La cour de Toulouse a aussi rendu, le 17 juillet 1834, un arrêt semblable, qui a été suivi d'un pourvoi en cassation, rejeté par un arrêt du 7 juin 1837 (Sirey, XXXVIII-1-78).

n'aurait été fait que pour spéculer sur la location des objets achetés. Ainsi celui qui achète des chevaux, des voitures pour les louer, fait acte de commerce. Le possesseur d'un hôtel garni qui achète des meubles pour exploiter les appartemens qu'il loue, fait acte de commerce. Il en est de même du cafetier qui achète les meubles et les ustensiles nécessaires pour son café ; il spécule sur ces objets puisqu'il en fera payer l'usage à tous ceux qui fréquenteront son établissement.

23. — L'achat, pour constituer un acte de commerce, doit se rattacher à une spéculation commerciale et non à une spéculation agricole, étrangère au commerce. Ainsi l'agriculteur qui achète des bestiaux maigres pour les revendre après les avoir engraissés avec ses fourrages, ne fait pas acte de commerce, parce que l'achat et la revente de ses bestiaux n'offre qu'un mode d'exploitation de ses immeubles qu'il fertilise au moyen des fumiers, et dont il évacue les produits en les consommant au moyen des bestiaux qu'il engraisse. L'achat de fourrages qu'il ferait pour suppléer à l'insuffisance de ceux que lui fourniraient ses domaines, ne constituerait même pas un acte de commerce, puisque cet achat n'aurait pour principal objet que l'exploitation de son fonds et que l'exercice de son industrie agricole (1).

Il en serait autrement, s'il s'agissait, non d'un agriculteur, mais d'un marchand qui spéculerait principalement sur les achats et ventes des bestiaux, et qui ne considérerait ses immeubles que comme des accessoires nécessaires pour son commerce (2).

24. — La loi considère l'achat comme un acte de commerce soit que les objets achetés doivent être revendus en nature, soit qu'ils ne doivent l'être qu'*après avoir été travaillés et mis en œuvre* (632). Nous avons vu que l'artisan, le manufacturier spéculent, dans ce cas, non seulement sur la revente des matières brutes, mais encore sur la location de leur travail et de celui des ouvriers qu'ils emploient. Ils font évidemment acte de commerce en achetant les matières premières et tous les objets mobiliers nécessaires pour l'exploitation de leur industrie, puisque la valeur de ces objets concourt à former les élémens du prix auquel ils coteront leurs produits.

25. — Remarquons qu'il est nécessaire que la spéculation repose

---

(1) Cour de Bourges, 14 février 1840 (Sirey, XLI-2-99.)
(2) Cour de Caen, 14 janvier 1840 (Sirey, XL-2-201.)

principalement sur la revente de la chose achetée après qu'elle aura été mise en œuvre, pour que l'achat constitue un acte de commerce. Ainsi, le peintre qui achète de la toile et des couleurs pour faire un tableau qu'il se propose de vendre, ne fait pas acte de commerce, et ne saurait être, quant à ces achats, justiciable des tribunaux de commerce. On conçoit en effet qu'il ne spécule pas sur la revente de ces objets, et qu'il n'a eu en vue, en les achetant, que l'exercice de son art, qui n'a rien de commun avec l'exercice d'un fait de commerce. Il en est de même de l'auteur qui achète le papier nécessaire pour l'impression d'un livre qu'il se propose de débiter lui-même. Il n'a évidemment en vue que l'exercice du droit si légitime de propriété qui lui est garanti par la loi. Ce qui peut devenir pour lui une source de richesse, c'est sa pensée, c'est le travail de son intelligence qu'il communique au public. Il en est de même du journaliste qui ne se borne pas à éditer le travail d'autrui. La composition de son journal lui appartient, et le papier qu'il achète n'est que l'instrument à l'aide duquel il communique au public les nouvelles qu'il recueille et les articles qu'il rédige (1).

26. — L'art. 632, en s'occupant du louage, ne prévoit expressément que le cas où des marchandises ont été *achetées* pour être louées ; il garde le silence sur le cas où elles auraient été *louées* dans le but de spéculer sur une *sous-location*. Nous pensons qu'il est dans le vœu de la loi qu'une pareille opération soit considérée comme un acte de commerce. Ainsi, le maître d'hôtel qui aurait simplement loué des meubles pour garnir les locaux qu'il loue, serait justiciable des tribunaux de commerce à raison de sa location. La rédaction de l'art. 632 aurait pu être plus complète, et laisse souvent les tribunaux dans la nécessité de suppléer ce qu'elle n'a pas expressément prévu, en se pénétrant du principe général que le législateur a entendu consacrer. Or, ce principe général est qu'il y a acte de commerce toutes les fois qu'on spécule au moyen de la vente ou du louage des choses mobilières. Il faut donc reconnaître que celui qui loue, dans l'intention de sous-louer, fait aussi bien un acte de commerce que celui qui achète pour revendre. Cette opinion peut, au reste, être appuyée par l'autorité de M. *Pardessus*, t. I, n. 32 de son *Cours de droit commercial*, et de

(1) Dalloz, v° *Commerce*, p. 730. — Orillard, n. 264. — *Contrà*, Pardessus, t. I, n. 15.

M. *Merlin, Questions de droit*, v° *Commerce* (*acte de*), § 6, p. 305.

27. — Nous nous sommes, jusqu'ici, occupé de l'ACHAT, il convient maintenant que nous nous livrions ici à l'examen de ce qui se réfère à la VENTE.

Nous devons d'abord faire remarquer que le législateur n'a parlé d'une manière expresse, dans l'art. 632, que de l'achat pour revendre ou sous-louer, et a gardé un silence qui peut étonner sur la *vente*. Il y a là lacune évidente, ainsi que le fait observer avec raison M. Vincens (1). On peut, en effet se demander si le particulier non marchand a le droit d'actionner devant le tribunal de commerce le négociant qui lui a vendu, de la même manière qu'il peut y traduire celui qui lui a acheté? La question n'est, à mon avis, susceptible d'aucun doute, car le marchand qui vend fait un acte éminemment commercial, et qui n'offre que l'exercice de son négoce. Cet acte doit donc, quant à lui, être régi par le droit commercial. Dans la pratique, j'ai vu journellement porter devant les tribunaux de commerce les demandes en résolution de vente intentées par les particuliers contre les marchands de bestiaux, à raison des vices rédhibitoires dont se trouvaient atteints les animaux vendus. Cependant l'opinion contraire a été consacrée par quelques arrêts (2), et M. *Dalloz* a cru aussi devoir se prononcer contre la compétence des tribunaux de commerce dans son Recueil alphabétique (3). Cet auteur se fonde d'abord sur les dispositions de l'art. 631, n. 1, d'après lesquelles la qualité de commerçant ne doit imprimer le caractère d'acte de commerce qu'aux transactions *entre négocians*, et non aux transactions entre un négociant et un simple particulier; mais la première disposition de cet art. 631 doit être rapprochée de la seconde, qui attribue à la juridiction commerciale une compétence *réelle*, qui l'appelle à connaître entre toutes personnes des contestations relatives aux actes de commerce. On revient donc à la question de savoir si le

---

(1) *Législation commerciale*, t. I, p. 128. — Le code espagnol s'explique encore sur ce point d'une manière expresse dans l'art. 359. (V. *suprà* la note 1 du n. 11.)

(2) Cour de Nîmes, 19 août 1808, cour de Metz, 19 avril 1823 (SIREY, X-2-348 — XXIII-2-312.)

(3) V° *Commerce* (actes de), p. 712, 713. M. CARRÉ professe aussi la même doctrine, *Traité des lois de l'organisation judiciaire et de la compétence*, t. VII, p. 104 et suiv.

commerçant qui vend sa marchandise à un particulier fait un acte de commerce? Or, comment ne pas admettre que le législateur l'a entendu ainsi, lorsqu'on voit qu'il considère comme acte de commerce, l'*achat* fait par un commerçant à un particulier? En mettant au nombre des actes de commerce les achats, lorsque les choses achetées sont destinées à être revendues, il a implicitement considéré comme opération commerciale la revente qui n'offre que la consommation de l'opération industrielle que l'acheteur avait en vue au moment de son acquisition. Ainsi, le non commerçant qui achète pour revendre fait à la fois acte de commerce et à l'égard de celui à qui il achète, et à l'égard de celui auquel il vend les objets achetés. La législation commerciale doit régir son entière opération, car c'est au moyen de deux contrats qu'il a entendu spéculer. — M. Dalloz argumente de la rédaction de l'art. 633, qui s'exprime à la fois par rapport aux achats et aux ventes, lorsqu'il s'agit du commerce maritime. Quant à nous, nous ne voyons dans cette disposition qu'une confirmation expresse du principe que la vente peut constituer un acte de commerce. Sans doute l'art. 632 eût été rédigé d'une manière plus convenable, s'il eût porté : *tout achat pour revendre et toute revente de marchandises,* mais on ne pourrait, sans de grands inconvéniens, faire l'application en interprétant cet article, de la règle d'ailleurs si souvent fautive *inclusio unius est exclusio alterius.* Il doit donc être largement interprété, et il importe beaucoup plus de se pénétrer de son esprit que d'en appliquer les termes d'une manière restrictive. Quant aux considérations que fait valoir M. Dalloz, après les avoir mûrement pesées, elles n'ont pu nous toucher, et nous ne voyons pas qu'il y ait des inconvéniens à saisir la juridiction commerciale des demandes que les consommateurs peuvent avoir formées contre les marchands qui leur ont fait des ventes. Ces marchands plaideront devant leurs propres juges, à raison d'un contrat pour l'exécution duquel les particuliers qui leur ont accordé leur confiance ont traité sur la foi du crédit commercial et ont dû compter sur les garanties qu'offre la contrainte par corps. Au reste, l'opinion que nous avons embrassée se trouve consacrée par des décisions qui ont été recueillies, et est aussi professée par des auteurs très-recommandables (1).

---

(1) Cour de Toulouse, 24 décembre 1824 (SIREY, XXV-2-413). — Cour

28. — La revente ne constitue un acte de commerce qu'autant que les marchandises vendues avaient été précédemment achetées pour être l'objet d'une spéculation. Le propriétaire qui vend les productions de ses fonds ne fait pas acte de commerce (638). Il ne ferait pas acte de commerce, lors même qu'il serait commerçant et qu'il spéculerait habituellement sur des objets de la même nature; par exemple, le marchand de blé ne fait pas acte de commerce lorsqu'il vend et qu'il livre comme produits de son sol les blés récoltés sur ses domaines; on conçoit en effet que cette vente ne se réfère alors qu'à l'industrie agricole qui offre pour garantie le crédit foncier.

29. — Une même vente peut être régie à la fois par la loi civile par rapport au vendeur, et par la loi commerciale, par rapport à l'acheteur. Ainsi le propriétaire qui a vendu les denrées provenant de son crû à un trafiquant qui ne les a achetées que pour les revendre, n'a pas fait acte de commerce (638). Ce propriétaire ne pourra être actionné comme vendeur que devant les tribunaux civils qui ne prononceront pas la contrainte par corps. Si la vente ou les conditions de la vente sont contestées, l'acheteur ne pourra avoir recours à la preuve testimoniale que dans les cas où il est permis aux tribunaux civils de l'admettre (1341 et suiv. C. civ.). Le vendeur, au contraire, pourra réclamer contre l'acheteur qui a fait acte de commerce l'exécution de la vente et le paiement du prix devant le tribunal de commerce. Il pourra invoquer devant cette juridiction tous les genres de preuves reçus en matière commerciale, et notamment la preuve testimoniale que le tribunal de commerce aura la faculté d'ordonner (1341 C. civ. — 109 C. comm.). Le jugement qu'il obtiendra contre le commerçant prononcera la contrainte par corps,

---

supérieure de justice de Bruxelles, 27 octobre 1826. (Jurisprud. des cours supérieures et d'appel de Bruxelles, 1827-1-71).

PARDESSUS, t. I, n. 20. — MERLIN, Quest. de droit, v° *Commerce (actes de)*, § 9, p. 311. — M. ORILLARD, n. 300 et 301, croit devoir établir une distinction entre la vente consentie par un commerçant qu'il considère comme un acte de commerce, et la vente consentie par un non commerçant. Nous allons plus loin, et nous pensons que le non commerçant qui a acheté des marchandises pour les revendre ou pour en louer l'usage, fait acte de commerce et lorsqu'il achète, et lorsqu'il revend ou qu'il loue, parce que ces derniers conrats servent à exécuter l'opération commerciale qu'il a entreprise et qui doit être régie dans toutes ses parties par la législation commerciale.

si le montant, en principal, de la condamnation est de deux cents francs ou au-dessus (loi du 17 avril 1832, art. 1er).

30. — *Toute entreprise de fourniture* n'offre qu'une spéculation souvent aléatoire (1104 C. civ.) sur l'achat et sur la revente, ou sur le louage des objets que l'entrepreneur doit livrer. Ces entreprises présentent deux ordres de faits qui peuvent être séparément envisagés. Elles offrent d'abord le traité entre l'entrepreneur et celui auquel la fourniture doit être faite, qui constitue par lui-même un acte de commerce (632), puisqu'il a pour objet des bénéfices à faire en achetant pour livrer aux conditions qui ont été arrêtées. Elles présentent ensuite les achats particuliers que l'entrepreneur est obligé de faire pour exécuter les fournitures, et qui constituent aussi, de sa part, des actes de commerce, puisqu'il achète pour revendre. Souvent même le fournisseur passe des marchés avec des sous-traitans qui s'obligent à lui procurer les objets qu'il doit livrer. Ces marchés présentent de nouvelles entreprises de fournitures qui sont également régies par le droit commercial.

31. — Par rapport à l'entrepreneur, toute entreprise de fourniture constitue donc un acte de commerce ; mais en sera-t-il de même par rapport à celui auquel la fourniture doit être faite ? devra-t-il, dans tous les cas, être appelé devant la juridiction commerciale par l'entrepreneur qui réclame son paiement ? Sans aucun doute s'il s'agit d'un marchand ou d'un manufacturier qui reçoit les fournitures pour l'exercice de son industrie, il y aura acte de commerce de la part des deux parties contractantes qui se trouveront également justiciables des tribunaux de commerce. Mais il n'en sera pas de même s'il s'agit de fournitures à faire pour la consommation de celui auquel les marchandises doivent être livrées ; l'art. 638 deviendra alors applicable, et il n'y aura pas acte de commerce de la part de la partie qui ne stipule des fournitures que pour son usage particulier. Les tribunaux civils seront, dans ce cas, seuls compétens pour connaître des demandes de l'entrepreneur.

32. — Il peut également arriver qu'il n'y ait pas acte de commerce de la part de l'entrepreneur, et qu'il y ait acte de commerce de la part de celui auquel les fournitures doivent être faites. Supposons, par exemple, qu'un propriétaire entreprenne de fournir à des boulangers, pendant un nombre d'années déterminé et moyennant un prix fixé, tous les bois nécessaires pour le chauf-

fage de leurs fours au moyen des produits de ses forêts. Dans ce cas, le propriétaire pourra, sans aucun doute, actionner les boulangers devant la juridiction commerciale, car ils font acte de commerce en achetant des bois dont ils retrouvent le prix avec bénéfice sur les ventes de pain qu'ils font au public (1). Mais nous ne pensons pas que les boulangers puissent à leur tour actionner le propriétaire devant la juridiction commerciale, s'ils ont à réclamer l'exécution du marché contre lui. Vainement M. Carré, qui adopte une opinion contraire à la nôtre (2), veut-il prétendre que le fournisseur s'oblige, dans ce cas, *en raison de son entreprise*, et que c'est cette obligation qui se trouve spécifiée dans l'art. 632; nous ne saurions adopter cette solution fondée sur une application du texte trop rigoureuse et qui en méconnaît complètement l'esprit. Un pareil traité n'offre au propriétaire qu'un moyen de placer d'une manière plus sûre et plus ou moins avantageuse les productions de son sol. Il n'y a de sa part nulle opération commerciale, il n'y a qu'une spéculation qui se rattache à l'exercice de son industrie agricole. On reste dès-lors sous l'application des dispositions de l'art. 638, qui veulent que les actions intentées contre un propriétaire pour vente de denrées provenant de son crû ne soient point de la compétence des tribunaux de commerce.

33. — Les marchés pour fournitures à faire à l'État sont régis par des règles particulières. L'entrepreneur qui traite avec l'État se soumet à l'autorité administrative pour tout ce qui se réfère à l'interprétation et à l'exécution des conditions qu'il s'est imposées. Il peut, sans doute, paraître contraire aux principes que l'État se trouve en quelque sorte juge et partie en faisant statuer par ses représentans sur des contestations qui l'intéressent; mais la célérité et l'exactitude qu'exigent les services publics nécessitent ces règles particulières qui peuvent seules prévenir des lenteurs et des entraves propres à compromettre de hauts intérêts. La clause d'un traité qui soumettrait les contestations qui pourraient s'élever

(1) Un arrêt de Limoges, en date du 21 février 1839, consacre même en principe que les fournitures de pain faites par un boulanger à un marchand de bois pour la nourriture des ouvriers qu'il emploie dans son industrie, constituent un acte de commerce qui rend le marchand de bois justiciable de la juridiction commerciale (Sirey, XL-2-37). — V. dans le même sens un arrêt de la cour de Lyon, du 16 janvier 1838 (Sirey, XXXIX-2-92).

(2) T. VII, p. 206.

entre le gouvernement et les entrepreneurs, à un jugement arbitral devrait même être réputée non écrite. Ainsi, pour tout ce qui touche aux intérêts de l'État, les entrepreneurs sont régis par le droit administratif et ont l'administration pour juge (1). Mais la compétence administrative cesse dès que l'intérêt de l'État ne se trouve plus en jeu. Vis-à-vis des tiers, le fournisseur est considéré comme commerçant, fait acte de commerce lorsqu'il se procure par des achats les objets nécessaires pour exécuter ses marchés, et peut être actionné par ceux qui lui ont vendu devant les tribunaux de commerce. Les traités qu'il ferait en son propre nom avec des sous-traitans constitueraient des actes de commerce ordinaires,

---

(1) V. sur la matière des marchés de fournitures à faire à l'État et aux établissemens publics, la loi du 16 fructidor an III, portant : « Défenses itératives sont faites aux tribunaux de connaître *des actes d'administration*, de quelque espèce qu'ils soient, aux peines de droit. — L'art. 14, n. 2, du décret du 11 juin 1806 sur l'organisation et les attributions du conseil d'Etat. — Un avis du conseil d'État du 28 juillet 1806, portant que les contestations entre les fournisseurs et les sous-traitans sont du ressort des tribunaux. — La loi du 31 janvier 1833, art. 12, portant : « qu'une ordonnance royale règlera les formalités à suivre à l'avenir dans tous les marchés passés au nom du gouvernement. — L'ordonnance du 4 décembre 1836, portant règlement sur les marchés passés au nom de l'État. — L'ordonnance du 14 novembre 1837, portant règlement sur les entreprises pour travaux et fournitures au nom des communes et des établissemens de bienfaisance. — L'ordonnance du 31 mai 1838, portant règlement général sur la comptabilité publique. — Le code pénal, art. 430-433. — On consultera avec fruit sur cette matière les *Élémens de droit public et administratif* de M. Foucart, t. II, p. 203 et suiv., et le *Droit administratif* de M. de Cormenin, t. II, p. 301 et suiv.

Il résulte de ces lois et règlemens, que toute contestation ou demande relative à l'exécution ou à l'interprétation des marchés passés, soit avec un ministre personnellement, soit, en son nom, par les directeurs-généraux, préfets ou autres agens secondaires, est jugée d'abord par le ministre, dont la décision est exécutoire, et au second degré par le conseil d'État, appelé à statuer comme juge d'appel;

Que les conseils de préfecture sont appelés à statuer sur les contestations qui peuvent s'élever entre le préfet et les fournisseurs sur la validité et l'interprétation des clauses des marchés de fournitures pour le compte des départemens.

Quant aux fournitures faites pour le compte des communes, les tribunaux sont compétens pour reconnaître le titre et pour déterminer à quelle quotité s'élève la dette; mais l'administration seule doit ordonnancer le paiement.

et seraient régis, comme tels, par la législation commerciale (1).

Il en serait autrement si les fournisseurs n'achetaient que pour le compte de l'État et ne traitaient que comme ses agens. Leurs achats, n'étant pas faits alors pour revendre, ne sauraient être considérés comme des actes de commerce et se trouveraient régis par le droit administratif (2).

§ II.

LOUAGE D'OUVRAGE ET D'INDUSTRIE.

SOMMAIRE.

34. *Cas dans lesquels le louage d'ouvrage et d'industrie constitue des actes de commerce. — Texte de l'art.* 632.

35. ENTREPRISES DE MANUFACTURES. — *Elles constituent des actes de commerce, soit que le manufacturier fournisse la matière, soit qu'il ne fournisse que la main d'œuvre.*—En note : *deux espèces de prix, le* PRIX NATUREL, *le* PRIX COURANT.

36. *L'achat d'un immeuble pour l'établissement d'une manufacture ne constitue pas un acte de commerce.*

37. Aliud *de l'achat des outils, instrumens et machines.*

38. Quid *de l'achat d'une exploitation de manufacture comprenant en bloc immeubles, machines, matières premières, etc. ?*

39. *Les entreprises de travaux à faire sur des immeubles ne constituent pas des actes de commerce. — Réfutation de l'opinion de M. Merlin. —* Aliud, *si l'entrepreneur doit fournir les matériaux.*

40. *Des entreprises de travaux publics.*

41. *Le propriétaire qui fait subir une préparation aux produits de ses domaines n'est pas manufacturier. — Exemple de celui qui fabrique du sucre de betterave avec ses seuls produits.*

42. DE LA COMMISSION. — *Ces expressions de l'art.* 632, toute entreprise de commission *empêchent-elles qu'on puisse réputer acte de commerce les* FAITS ISOLÉS DE COMMISSION *qui ne se rattachent pas à une* ENTREPRISE ? — *Importance de la question ; renvoi de son examen au titre spécial à la commission.*

---

(1) Cour de cassation, 10 février 1836 (SIREY, XXXVIII-1-157). — CORMENIN, *Droit administratif*, t. II, p. 308.

(2) CORMENIN, *Droit administratif*, t. II, p. 305.

43. ENTREPRISE DE TRANSPORTS. — *Elle est réputée acte de commerce. Précisions faites au sujet des attributions données aux juges de paix par la loi du 25 mai 1838.*

44. AGENS D'AFFAIRES. — *Agences de remplacement pour le service militaire.*

45. ETABLISSEMENS DE VENTES A L'ENCAN.

46. ENTREPRISES DE SPECTACLES PUBLICS.

47. *L'artiste qui fait lui-même jouir le public de son talent sans le concours d'un directeur, ne fait pas acte de commerce.*

48. *L'expression* SPECTACLES PUBLICS *comprend les salles de concerts, de bals, etc.* — En note : *réfutation de l'opinion émise par M. Carré.*

49. *L'acteur fait acte de commerce en passant un engagement avec son directeur.*

50. *Il fait également acte de commerce en achetant des costumes et autres objets pour jouer ses rôles.*

51. DES OPÉRATIONS DE COURTAGE ; — *Elles constituent en elles-mêmes des actes de commerce.*

52. *Dans les lieux où il n'y a pas des courtiers en titre, les personnes qui font le courtage font acte de commerce.*

53. *Dans les places où il existe des courtiers en titre, le courtage illicite ne saurait constituer un acte de commerce.*

54. *Du principe que le courtage constitue en lui-même un acte de commerce, s'induit pour conséquence qu'il est régi par la loi commerciale, lors même qu'il se réfère à une opération qui n'est réputée acte de commerce à l'égard d'aucune des parties.*

---

34. — Le LOUAGE D'OUVRAGE ET D'INDUSTRIE ne constitue, en règle générale, qu'un contrat ordinaire régi par les dispositions des art. 1779 et suivans du code civil. Il est cependant des cas particuliers dans lesquels il a dû être rangé au nombre des actes de commerce à raison des spéculations manufacturières et commerciales dont il devient l'objet. Ces divers cas sont énumérés en ces termes dans les dispositions de l'art. 632 du code de commerce.

« La loi répute acte de commerce,

« Toute entreprise de manufactures, de commission, de transport par terre ou par eau ;

« Toute entreprise..... d'agences, bureaux d'affaires, établissemens de ventes à l'encan, de spectacles publics.

« Toute opération....... de courtage. »

35. — On entend par ENTREPRISE DE MANUFACTURE toute spéculation qui a pour objet de mettre en œuvre des matières brutes, et de leur faire subir une transformation quelconque pour les approprier aux différens besoins. Ainsi, les entreprises qui ont pour objet la fabrication des étoffes, des cuirs et autres marchandises constituent des actes de commerce. Le plus souvent, le manufacturier fournit lui-même les matières premières, et livre ensuite au commerce ses produits confectionnés, moyennant un prix qui doit lui représenter les intérêts du capital commercial au moyen duquel il opère, et de plus, la rétribution de sa gestion et de son propre travail à titre de bénéfice (1). Il ne fournit quelquefois que le jeu des machines et la main-d'œuvre; nous citerons pour exemple l'entrepreneur d'une filature qui reçoit la laine brute, et qui la rend après l'avoir filée, moyennant salaire. Son entreprise doit être régie par la législation commerciale, même dans ce dernier cas, car elle offre les caractères d'une spéculation manufacturière sur le jeu de ses métiers qu'il loue, et sur le travail des ouvriers qu'il sous-loue (2).

36. — Nous venons de voir que le manufacturier spécule à la fois sur le louage du travail des ouvriers qu'il emploie et sur les capitaux servant à l'acquisition et à l'entretien des machines qu'il achète. On peut, d'après cela, se demander si l'achat des bâtimens dans lesquels il établit ses ateliers constitue de sa part un acte de commerce. Sans doute, le manufacturier doit retrouver dans la vente de ses produits le capital qu'il a employé à l'acquisition de

---

(1) On distingue, en économie commerciale, deux sortes de prix, le *prix naturel* des choses et le *prix courant*. Le *prix naturel* est représenté par le montant des frais de production. Le *prix courant* résulte des rapports qui s'établissent entre l'offre et la demande. Si la somme de demande d'un produit dépasse celle de la production et des offres, le prix courant s'élève au-dessus du prix naturel. Si, au contraire, une chose est plus offerte, c'est-à-dire offerte en plus grande quantité qu'elle n'est demandée, le prix courant devra tomber au-dessous du prix naturel, et le manufacturier se trouvera en perte, jusqu'à ce qu'un juste rapport se rétablisse entre l'offre et la demande.

V. les 5e et 6e leçons du *Cours d'économie politique* de M. ROSSI, *professeur à la faculté de droit de Paris.*

(2) C'est ainsi que la cour de Rouen a jugé, le 2 décembre 1825, qu'un foulonnier pouvait être déclaré en état de faillite, et que la cour de Paris a également jugé, le 16 juillet 1828, que l'exploitation d'un établissement de blanchisserie constituait un acte de commerce (DALLOZ, XXVI-2-148; — XXIX-1-221).

ses bâtimens, qui se détériorent et qui n'ont plus la même valeur après un certain nombre d'années. Mais nous avons vu que l'achat d'un immeuble ne constitue jamais un acte de commerce, lors même que cet achat a pour cause une spéculation sur la revente ou sur le louage. Nous devons donc en conclure que l'acte de vente d'un immeuble destiné à un établissement industriel reste régi, soit à l'égard du vendeur, soit à l'égard de l'acquéreur manufacturier, par les seules règles du droit civil (1).

37. — Il doit en être autrement par rapport aux outils, instrumens et machines destinés à l'exploitation d'une manufacture. Ces objets sont meubles, au moins au moment de la vente, et constituent de véritables marchandises dont l'achat offre tous les caractères d'un acte de commerce de la part du manufacturier qui en fait payer l'usage à ceux qui lui achètent (2).

38. — La question devient beaucoup plus délicate, s'il s'agit de l'achat d'une manufacture comprenant en bloc bâtimens, machines, outils, matières premières, dettes actives et autres objets se rattachant à son exploitation. Dans ce cas, l'acheteur qui va continuer la fabrication et qui se substitue au vendeur, fait un traité qui a évidemment pour objet une entreprise de manufacture. Si la vente du tout, même de l'achalandage, a été faite par un seul acte et moyennant un prix unique, il sera difficile de scinder ce traité. Si les circonstances démontrent que les immeubles par leur nature n'ont été envisagés que comme des instrumens d'exploitation accessoires du fonds industriel, il sera convenable de qualifier l'achat d'après la nature du principal et de le considérer comme constituant pour le tout un acte de commerce.

39. — Les expressions *entreprises des manufactures* n'embrassent que la fabrication qui s'exerce sur les choses mobilières. On peut cependant spéculer également sur le travail appliqué aux immeubles. Celui qui entreprend la construction d'un édifice, d'une digue, d'un port, la confection d'un terrassement, l'exécution d'une plantation à faire sur un fonds, est obligé de louer

---

(1) PARDESSUS, t. I, n. 8. — MERLIN, *Quest. de droit*, v° *Commerce* (*actes de*), § 6, n. 1, p. 299.

(2) ORILLARD, n. 259. — Nous avons dû décider tout le contraire par rapport à l'ouvrier qui ne loue que son seul travail, et qui n'est pas commerçant, parce que l'entretien de ses outils n'est que l'accessoire du louage de son travail qui ne constitue pas un acte de commerce (V. *suprà*, n. 19).

de nombreux ouvriers, dont il sous-loue le travail en vue d'un bénéfice. On a donc à examiner si les entreprises de cette nature constituent des actes de commerce.

Il est d'abord certain que le propriétaire de l'immeuble qui traite avec les entrepreneurs ne fait pas acte de commerce. Mais cette première précision n'empêche pas d'examiner s'il y a acte de commerce de la part des entrepreneurs, car nous avons vu qu'un même traité peut être régi par la législation civile par rapport à l'une des parties, et par la législation commerciale par rapport à l'autre (1). Examinons donc la question en distinguant les différentes hypothèses qui offrent des circonstances particulières.

1° Constatons d'abord que l'ouvrier qui ne fournit que son travail, et qui se gage à la journée, au mois ou à l'année, ne consent qu'un simple louage d'ouvrage, régi par les dispositions des art. 1779 et suivans du code civil.

Il en serait de même, s'il avait été passé entre le propriétaire et des ouvriers un traité à forfait, par lequel ces derniers auraient entrepris de confectionner les travaux, avec les matériaux qui leur seraient fournis et en ne se chargeant que de la main d'œuvre. Ce marché à forfait n'offrirait rien de commercial, et se trouverait régi par les dispositions des art. 1787 et suivans du code civil.

2° Supposons maintenant que le propriétaire ait passé un marché avec un entrepreneur qui s'est chargé de faire exécuter toute la main d'œuvre avec les matériaux qui lui seront fournis. Cette entreprise, qui n'a pour objet que des travaux à faire faire, qui n'offre qu'une spéculation sur le travail des ouvriers, devra-t-elle être considérée comme un acte de commerce?

L'affirmative est vivement soutenue par M. Merlin (2), et tel paraît être également l'avis de M. Pardessus (3). L'obligation que nous nous sommes imposée, de rendre un compte consciencieux de nos opinions à ceux qui nous lisent, ne nous permet pas de partager le sentiment de ces deux savans jurisconsultes.

En règle générale, le travail libre de l'homme ne peut pas

---

(1) *Suprà*, n. 29.

(2) *Questions de droit*, v° *Commerce (acte de)*, § 6, n. 3, p. 304.

(3) T. I, n. 35 et 36.

être en lui-même l'objet d'une spéculation commerciale. Le louage d'ouvrage est régi par les dispositions du code civil, qui offrent des règles spéciales sur les devis et sur les marchés (art. 1787 et suiv.). Le législateur n'a dérogé à ces principes que par rapport à l'industrio manufacturière (632) et par rapport à la construction des navires, qui a toujours été régie par des règles spéciales (633). Il était en effet convenable de soumettre à la législation commerciale toute entreprise de manufacture et toute entreprise de construction de bâtimens pour la navigation intérieure et extérieure. Mais les mêmes motifs n'étaient plus applicables, lorsqu'il s'agissait des entreprises de travaux à faire sur des immeubles. Ces entreprises se rattachant plutôt à l'industrie agricole et foncière qu'à l'industrie manufacturière et commerciale, il n'était pas convenable de faire juger par les tribunaux de commerce les contestations qui pouvaient s'élever entre un propriétaire et le constructeur d'une digue relativement à l'exécution bonne ou vicieuse des travaux. Fallait-il que les juges consuls pussent avoir à se transporter sur un immeuble pour vérifier des points de fait étrangers à leur négoge (C. pr. civ. 295)? On conçoit combien il était, au contraire, convenable de laisser les entreprises de travaux à faire sur des biens fonds sous l'empire du droit commun.

Telle fut aussi l'intention des rédacteurs du code de commerce, ainsi que le fait judicieusement remarquer M. Locré (1): « Le projet présenté par la commission portait : *sont réputés faits de commerce toutes* ENTREPRISES DE CONSTRUCTIONS (*Projet de code de commerce, art.* 3).

« Cette rédaction parut louche à plusieurs cours et tribunaux. Ils demandèrent que la commission expliquât si le mot *construction* s'appliquait aux constructions de tout genre, ou seulement aux constructions navales. »

« Ne serait-il pas à craindre, disait la cour d'Angers, qu'en laissant le mot, on ne voulût l'étendre à toutes les constructions, par exemple, à celle d'un édifice par un simple particulier contre lequel l'architecte n'a que l'action ordinaire? Interpréta-

(1) *Esprit du Code de commerce*, t. VIII, p. 292 et suiv. sur les art. 631-639.

tion fausse qu'on doit prévenir. » (*Observations des tribunaux*, t. I, p. 98.)

La cour d'appel d'Orléans s'exprimait ainsi : « On a compris dans le § 2, au nombre des faits de commerce, *toutes les entreprises de constructions*. C'est une nouveauté qui ne paraît pas admissible. Ces entreprises sont de simples locations d'ouvrages ; elles n'ont aucune analogie avec les faits de commerce, et ne sauraient être réglées par les lois qui lui sont propres ; elles lui sont trop étrangères, si ce n'est peut-être les constructions de navires marchands, à raison de leur destination pour le commerce. Quant aux entrepreneurs de bâtimens, s'ils peuvent être considérés comme commerçans, ce n'est que relativement à l'achat des matériaux qu'ils emploient et fournissent dans leurs entreprises ; et, sous ce même point de vue, tous artisans, manufacturiers et gens de métiers font effectivement le commerce des choses qu'ils achètent brutes pour les revendre ouvragées et fabriquées ; ce qu'il semble nécessaire d'exprimer dans cet article. » (*Observations des tribunaux*, t. I, p. 214.)

« D'après ces dernières observations, dit M. Locré, les commissaires-rédacteurs changèrent leur article, et aux mots *toutes les entreprises de constructions* substituèrent ceux-ci : *toutes les entreprises de constructions* MARITIMES. » (*Projet du code de commerce corrigé*, art. 3.)

On voit donc que le texte de la loi, son esprit et l'élaboration de sa rédaction concourent pour démontrer que les seules entreprises de constructions maritimes ont été mises au nombre des actes de commerce. Voyons maintenant sur quoi M. Merlin se fonde pour étayer une opinion tout opposée.

Il s'efforce d'établir que les dispositions de l'art. 632 portant qu'il y a acte de commerce de la part de celui qui achète un objet mobilier pour le louer, sont applicables à celui qui loue un objet de même nature pour le sous-louer et pour spéculer sur la relocation. Il cite un passage de Pothier, au traité du *Contrat de louage*, n° 4, pour démontrer qu'en principe *le louage s'analyse en une espèce de vente*, non de la chose qui est louée, mais *de la jouissance et de l'usage de cette chose*. Or, continue-t-il, l'entrepreneur de constructions prend à loyer le travail de ses ouvriers pour le sous-louer avec bénéfice au propriétaire, il fait donc acte de commerce.

Ce raisonnement de M. Merlin repose sur un principe que nous sommes loin de contester, puisque nous l'avons adopté nous-mêmes. Il est très-vrai que le législateur a entendu assimiler le *louage des choses* à l'achat, lorsque ce louage peut devenir l'objet d'une spéculation commerciale. C'est une proposition que nous avons adoptée, mais que nous nous sommes bien gardés de baser sur une entière assimilation du louage à la vente, car ces deux contrats sont distincts dans le droit et ne sauraient être confondus en un seul (1). Nous sommes donc d'accord avec M. Merlin tant qu'il s'agit du *louage des choses*, mais il ne peut plus en être de même lorsqu'il s'agit du *louage d'ouvrage et d'industrie* (*locatio operis*) qui offre des caractères particuliers et qui diffère par son objet du premier.

« Si on a pu comparer l'usage des choses à une vente, dit M. Troplong (2), à cause de l'objet qu'on livre et du droit de perception des fruits qu'on attribue au conducteur, il est impossible de tomber dans la même confusion pour le louage de services et d'ouvrages, car il se traduit en un pur fait; il ne comporte pas une chose externe qui se puisse livrer et qu'on puisse matériellement détruire et appréhender (3). » On ne peut donc pas emprunter un principe au louage des choses pour en tirer une conséquence applicable au louage d'ouvrage, lors surtout que ce principe émane d'un point sur lequel les deux contrats présentent des faits différens. Il faut dès-lors reconnaître que le louage des choses, dont le législateur s'est occupé dans l'art. 632, peut bien constituer un acte de commerce lorsque le locateur entend spéculer sur une sous-location, mais qu'il n'en est pas de même

(1) *Suprà*, n. 26.

(2) *De l'échange et du louage*, t. III, n. 787.

(3) Pothier, dont M. Merlin invoque la doctrine, n'entend parler que du louage des choses, lorsqu'il dit au n. 4 de son traité, que ce contrat s'analyse en une vente de l'usage de la chose louée. Il expose plus loin, en ces termes, au n. 393, les différences qui existent entre le louage des choses et le louage d'ouvrage : « Le contrat de louage d'ouvrage diffère principalement du contrat de louage des choses, en ce que c'est l'usage d'une chose accordée pour un certain prix au conducteur qui fait la matière de celui-ci, et que c'est un ouvrage donné à faire qui fait la matière de celui-là. Dans l'un, *res utenda datur*; dans l'autre, *res facienda datur*. Dans le louage des choses, c'est le conducteur qui s'oblige de payer le prix du louage au locateur; *contrà*, dans le louage d'ouvrage, c'est le locateur qui s'oblige de payer le prix du louage au conducteur. »

du louage d'ouvrage qui ne devient l'élément d'un acte de commerce que dans les cas expressément prévus par le législateur. Pour considérer les entreprises de travaux à faire sur des immeubles comme des actes de commerce, il faudrait pouvoir leur appliquer les dispositions de l'art. 632 relatives aux *entreprises de manufactures*, mais on conçoit que la nature des choses repousse une pareille entente de la loi.

Au reste, on peut invoquer à l'appui de l'opinion que nous avons cru devoir embrasser les arrêts de la Cour supérieure de Bruxelles et de la cour de Rouen, que M. Merlin s'efforce de combattre, et un arrêt de la cour de Poitiers du 21 décembre 1837 (Sirey, XXXVIII-2-297). La cour de Lyon et la cour de cassation ont également jugé les 5 mars 1832 et 26 mars 1838, que les marchés passés pour la confection des travaux de terrassement nécessaires à l'établissement d'un chemin de fer ne constituent point des actes de commerce (Dalloz, XXXIII-2-77; — XXXVIII-1-168).

3° Il arrive fréquemment que l'entrepreneur de travaux se charge de fournir la matière première, les matériaux ou autres objets qui doivent être mis en œuvre. Dans ce cas, il achète ces objets pour les revendre au propriétaire du fonds, et il fait évidemment un acte de commerce en devenant ainsi entrepreneur de fournitures (632). Il pourra donc être actionné, à l'occasion de ces fournitures, devant la juridiction commerciale, soit par ceux qui lui ont fait des ventes, soit par le propriétaire avec lequel il a traité; mais ce dernier, qui n'a pas fait acte de commerce, ne pourra être appelé que devant les tribunaux civils; nous pensons même que la juridiction civile serait seule compétente pour connaître des demandes formées par le propriétaire du sol qui ne se référeraient qu'à l'exécution des travaux et à la main d'œuvre.

40. — Les entreprises de travaux publics peuvent être à la fois régies par les règles du droit administratif, par les règles du droit civil et par celles du droit commercial, suivant les distinctions et les principes que nous venons de développer.

Les contestations qui s'élèvent entre l'administration et les concessionnaires sont jugées, en exécution de la loi du 28 pluviôse an VIII, par les conseils de préfecture, sauf l'appel au conseil d'État.

Les contestations d'un intérêt purement privé qui peuvent s'élever entre les entrepreneurs, les sous-traitans et leurs fournisseurs, sont régies par la législation commerciale, lorsque ces entreprises constituent des actes de commerce. Elles doivent, dans ce cas, être portées devant la juridiction consulaire (1).

41. — Les principes que nous avons exposés plus haut amènent à décider qu'on ne saurait considérer comme manufacturier le propriétaire qui fait subir des préparations aux seuls produits de ses domaines. C'est ainsi qu'il a été justement consacré en principe, que l'établissement d'une fabrique de sucre de betterave comme accessoire d'une exploitation rurale, ne constituait pas une entreprise de manufacture dans le sens de l'art. 632, et ne rendait pas le propriétaire justiciable des tribunaux de commerce (2).

42. — La loi répute acte de commerce, *toute* ENTREPRISE *de commission* (632). On appelle *commissionnaire* « celui qui agit en son propre nom, pour le compte d'un commettant (91). » Le contrat de commission a donc pour objet une opération à faire pour le compte d'autrui. Il offre de la part du commissionnaire une spéculation basée sur le louage de ses services, sur le crédit dont il jouit, et sur les rapports commerciaux qu'il possède, à l'aide desquels il pourra réaliser la négociation qui lui est confiée. Ce contrat se rattache à l'exercice de l'industrie commerciale, et doit par conséquent être régi par le droit commercial.

C'est une question qui mérite un examen sérieux, que celle de savoir si les expressions, *toute entreprise de commission*, insérées dans les dispositions de l'art. 632, empêchent qu'on ne puisse considérer comme des actes de commerce les faits isolés de commission qui ne se rattachent pas à une entreprise. Cette difficulté, qui résulte des termes que le législateur a employés, offre une grande importance, à raison des règles particulières qui régissent la commission, et surtout à raison du privilége que la loi commerciale accorde au commissionnaire sur les marchandises qui lui sont expédiées (93, 94). Nous pourrons plus facilement donner à son examen et à celui de quelques autres points qui se rattachent à la même disposition de l'art. 632 les développemens convenables, en nous occupant spécialement du

(1) V. sur les entreprises de travaux publics, les *Élémens du droit public et administratif* de M. FOUCART, t. II, p. 216 et suiv. — Le *Droit administratif* de M. DE CORMENIN, t. II, p. 420 et suiv. — Le *Dictionnaire des travaux publics* de M. TARBÉ DE VAUXCLAIRS.

(2) Cour de Douai, 21 juillet 1830. (SIREY, XXXI-2-172.)

contrat de commission qui fait l'objet du titre VI du livre Ier du code de commerce.

43. — La loi répute encore acte de commerce *toute entreprise... de transport par terre ou par eau* (632). On peut citer pour exemple les entreprises de messageries, de roulage, de transport par des bateaux, de transports militaires, etc., qui offrent des spéculations basées sur des locations de services, de voitures, chevaux et autres moyens de transport. La loi a rangé ces *entreprises* au nombre des actes de commerce, à raison de leur importance et de leur objet (1). Il en résulte qu'un fait isolé de transport ne saurait constituer de la part d'un non commerçant un acte de commerce et resterait régi par les dispositions du droit civil relatives au louage.

Les entrepreneurs de transport sont en général soumis à la loi commerciale, pour tout ce qui se rattache à leur entreprise. Il n'en est cependant pas de même à raison des contestations que les voyageurs peuvent avoir à débattre avec eux, à l'occasion de leur transport. La loi du 25 mai 1838 en a attribué la connaissance aux juges de paix, afin qu'elles puissent être évacuées avec célérité. L'art. 2 de cette loi porte : « Les juges de paix prononcent sans appel, jusqu'à la valeur de 100 francs, et, à charge d'appel, jusqu'au taux de la compétence, en dernier ressort des tribunaux de première instance (1,500 *francs*) sur les contestations... entre les voyageurs et les voituriers ou bateliers, pour retards, frais de route, et perte ou avaries d'effets accompagnant les voyageurs. »

On doit remarquer que cette disposition n'est en aucune manière afférente aux transports de marchandises et d'objets voyageant isolément, qui restent régis par la législation commerciale. Elle ne s'applique qu'au transport *des voyageurs et des effets qui les accompagnent.* On a voulu que le voyageur qui a à se plaindre, soit du retard qu'il a subi dans son transport, soit de la perte de ses effets, ou des avaries qu'ils ont éprouvées, pût faire promptement statuer sur ses réclamations par le juge de paix du lieu. On a également voulu que le voiturier auquel sont dus les frais de route pût en faire ordonner avec facilité le paiement. Il retiendra les effets du voyageur qui le fera citer devant le juge de paix pour en obtenir la remise, moyennant paiement des

---

(1) V. TROPLONG, *du Louage*, t. III, p. 241, n. 903.

frais de transport. Le juge du lieu se trouvera ainsi nanti par le voyageur même, et pourra statuer sur le différend (1).

44. — On appelle *agens d'affaires* ceux qui font profession de donner leurs soins, moyennant salaire, à la gestion des affaires d'autrui. Les agens d'affaires sont des mandataires salariés, que la loi a soumis à la législation commerciale, dans le but de procurer plus de sûreté aux personnes qui s'adressent à eux et pour le compte desquelles ils ont souvent des maniemens de deniers. Elle répute acte de commerce *toute entreprise.... d'agence, bureau d'affaire* (632). C'est l'offre faite au public d'accepter des mandats et de donner des soins aux affaires, qui constitue l'agence, le bureau d'affaires, qui attribue à celui qui en est le gérant la qualité de commerçant.

De ce principe que l'agent d'affaires est réputé commerçant, s'évince pour conséquence, qu'il est justiciable des tribunaux de commerce à raison des billets qu'il souscrit; qu'il doit être déclaré en état de faillite, s'il vient à cesser ses paiemens; qu'on ne doit pas lui appliquer les dispositions de l'art. 1986, d'après lesquelles le mandat est réputé gratuit, parce que toute personne qui confie la gestion d'une affaire à un commerçant qui spécule sur l'acceptation des mandats, est censée s'obliger au paiement d'un salaire. L'action que la loi accorde aux agens d'affaire pour le paiement de ce qui leur est dû pour leurs soins, ne saurait être assimilée à celle des avoués, et ne se prescrit que par trente années (2273, 2262 C. civ.) (2).

Nous pensons avec M. Carré, qu'on doit mettre au nombre de ceux qui tiennent des agences et qui sont régis par le droit commercial, les individus qui font métier de procurer des remplaçans pour le service militaire, et qui se chargent de faire les diligences nécessaires pour procurer le remplacement des jeunes soldats. C'est ce qui a été décidé par un arrêt de la cour de Grenoble du 19 juillet 1830 (3) et par deux arrêts de la cour de Rennes cités dans l'ouvrage de M. Carré (4).

---

(1) V. les explications données par M. le garde-des-sceaux à la chambre des députés, dans le *Moniteur* du 24 avril 1838, troisième supplément. — V. également le *Traité des justices de paix* de M. Benech, professeur à la faculté de Toulouse, p. 64 et suiv.

(2) Merlin, Répertoire de jurisprudence, v° *Agent d'affaires.*

(3) Dalloz, 1831-2-82. — Sirey, 1831-2-89.

(4) *De l'organisation judiciaire et de la compétence,* t. VII, p. 211.

45. — *Les établissemens de ventes à l'encan* (632) sont encore régis par la loi commerciale, afin de procurer plus de garanties au public. Ceux qui les tiennent deviennent dépositaires des objets qu'on leur confie. Ils spéculent sur le louage de leurs locaux et des soins de leurs employés.

Les communautés des huissiers, des courtiers de commerce et des commissaires-priseurs possèdent, dans plusieurs villes, des salles pour les ventes que la loi les charge de faire. L'établissement de ces salles ne saurait constituer de leur part un acte de commerce, parce qu'il n'a pour objet que l'exercice de leur profession.

46. — *Les entreprises de spectacles publics* constituent des actes de commerce (632). Ces entreprises, qui ont acquis, à notre époque, une grande importance, exigent souvent des capitaux considérables et donnent lieu à des opérations nombreuses, auxquelles il convenait de procurer les garanties qu'assure la législation commerciale. L'entrepreneur de spectacles spécule sur le talent des artistes qu'il emploie, sur le matériel qui lui est nécessaire pour faire valoir son industrie et sur la location des locaux dans lesquels il offre ses représentations au public. La loi a dès-lors dû le considérer comme commerçant et le soumettre, quant aux obligations qu'il contracte, à la juridiction des tribunaux de commerce et à la contrainte par corps.

47. — On ne doit considérer comme entrepreneurs de spectacles que les spéculateurs qui mettent à profit pour leur propre compte les talens d'autrui. L'artiste qui fait lui-même jouir le public de son talent, sans le concours d'un directeur, ne fait pas plus un acte de commerce que l'auteur qui publie ses œuvres. Ainsi le musicien qui se fait entendre dans les concerts qu'il donne, le physicien qui offre au public le spectacle des prestiges de son adresse et des phénomènes de la nature, le peintre qui expose les productions de son génie, ne sauraient être considérés comme commerçans, dès qu'ils font simplement valoir par eux-mêmes leur talent (1).

---

(1) « Que Molière, après avoir composé une pièce, la récitât devant une assemblée choisie, disait le tribunal d'appel de Paris dans ses *Observations* sur le projet de code de commerce, et que, pour réunir un plus grand nombre de spectateurs, il s'associât une troupe, il distribuât les rôles, etc., c'était toujours Molière ou l'homme de génie faisant part au public de ses produc-

48. — Ce que nous venons de dire nous amène à examiner l'étendue de l'expression *spectacles publics* employée par le législateur. Elle embrasse, selon nous, non seulement les entreprises qui ont pour objet l'exploitation de l'art dramatique, lyrique ou musical, mais encore toutes celles qui ont pour objet des exercices gymnastiques, d'équitation, de physique amusante, les salles de concert et de danse, les expositions d'animaux appelées ménageries, de pièces curieuses, telles que figures en cire et autres objets d'art (1).

49. — Après avoir constaté comment toute entreprise de spectacle public est régie par le droit commercial quant aux entrepreneurs, il nous reste à examiner si les engagemens des artistes constituent aussi, de la part de ces derniers, des actes de commerce. On conçoit toute l'importance de la question, car l'acteur ne peut être contraignable par corps qu'autant que son engagement est considéré comme un acte de commerce qui le rend justiciable de la juridiction commerciale.

Parmi les auteurs qui se sont occupés de ce point de droit, il en

---

tions, vendant, si l'on veut, les fruits de son propre sol, et, à ce titre, il ne pouvait être regardé comme marchand (Locré, *Esprit du code de commerce*, t. VIII, p. 291).

(1) Pardessus, t. I, n. 46. — Desprèaux, *Compétence des tribunaux de commerce*, n. 400. — Orillard, n. 347. — Vivien et Edmond Blanc, *de la Législation des théâtres*, n. 358.

La cour de Paris a même jugé, le 1er août 1832, que l'entrepreneur qui donne au public le spectacle de l'ascension en ballon d'un aéronaute fait acte de commerce et est justiciable des tribunaux de commerce. (Dalloz, XXXIV-2-50.)

V. aussi les ordonnances rendues en conseil d'État et rapportées par M. de Cormenin, *Droit administratif*, t. II, p. 419.

M. Carré n'applique pas aussi largement l'art. 632. Il pense que les entreprises formées pour exploiter des lieux de divertissement tels que les *salles de danse*, ne constituent pas des actes de commerce, l'expression *spectacle public* n'embrasse, selon lui, que les *représentations théâtrales*. Son opinion n'est que la conséquence du système de restriction qu'il adopte pour l'application de la loi commerciale. Il semble trop souvent oublier que les dispositions qui énumèrent les actes de commerce doivent, par leur nature, offrir une certaine élasticité, à l'aide de laquelle on puisse leur faire embrasser tous les cas particuliers que le législateur a eus en vue, mais qu'il n'aurait pu énumérer qu'en entrant dans des détails que ne supporte pas la rédaction des lois. (*Lois de l'organ. et de la compét.*, t. VII, p. 218.)

est plusieurs dont l'autorité est d'un grand poids, qui pensent que les directeurs seuls font acte de commerce. Ils ne voient dans l'engagement des acteurs qu'une simple location de services régie, à leur égard, par la loi civile. Dans leur système, les directeurs peuvent bien être actionnés par les acteurs devant la juridiction commerciale; mais ils ne peuvent pas, à leur tour, appeler ces mêmes acteurs devant cette juridiction, lorsqu'ils ont à réclamer contre eux l'exécution de leurs engagemens.

Cette doctrine désastreuse pour les théâtres n'est pas suivie dans la pratique (1). On voit journellement les tribunaux de commerce retentir des procès intentés par les directeurs contre les sujets de leur troupe. Il me paraît que la pratique judiciaire fait en cela une juste application de la loi. L'acteur qui perçoit des gages fixes n'en concourt pas moins, avec le directeur qui le paie, à l'entreprise qui a pour objet d'offrir un spectacle au public; quoiqu'il ne soit pas associé, quoiqu'il ne perçoive pas une quotité des bénéfices, il n'en est pas moins vrai que l'entreprise n'existe que par son concours, et qu'il s'engage avec elle vis-à-vis du public. Il n'est plus dans la position de l'artiste dont nous avons parlé au n. 47, qui fait librement valoir son talent par lui-même: il a spéculé sur l'engagement de ses services, sur l'habileté du directeur de la troupe dont il fait partie, et il a fait de l'exercice de son art l'objet d'une opération commerciale.

La jurisprudence des tribunaux me paraît donc basée sur une entente de la loi qui ne blesse en rien les principes et qui peut seule satisfaire aux nécessités de position qui résultent des entreprises de théâtre et des engagemens des acteurs. C'est là troupe, être collectif et juridique, qui forme l'entreprise dont le directeur est le chef, et qui promet ses services au public. Toutes les contestations qui peuvent s'élever entre le directeur et les acteurs, à raison des engagemens, se réfèrent à l'entreprise, qui est un fait de commerce, et doivent être jugés commercialement (2).

50. — Du principe que l'acteur prend part à l'entreprise théâ-

(1) Admettez qu'un directeur de théâtre ne puisse actionner les sujets de sa troupe que devant les tribunaux civils, et il suffira du caprice et de l'obstination d'une danseuse pour entraver pendant des années entières les représentations théâtrales qui sont dues au public.

(2) M. Despréaux, n. 230 et 401, embrasse l'opinion que j'ai adoptée. On la trouve aussi consacrée par deux arrêts de la cour de Paris, en date des 31 mai 1808, et 11 juillet 1825 (Sirey, VIII-2-256; — XXVI-2-96); elle

trale comme membre de la troupe dont il fait partie, s'induit pour conséquence qu'il fait acte de commerce en achetant les costumes, les parures et autres objets qu'exigent ses rôles. C'est, en effet, en vue d'une spéculation commerciale qu'il fait ces achats. Ce n'est pas pour ses besoins particuliers qu'il achète, mais c'est pour l'exécution d'un engagement qui constitue un acte de commerce; c'est pour louer l'usage de ses costumes et de ses parures de théâtre au directeur qui le rétribue (632). Ceux qui lui font ces fournitures lui accordent du crédit en vue des bénéfices commerciaux que ces objets doivent lui procurer ; il est donc juste qu'ils aient le droit de l'actionner en paiement devant les tribunaux de commerce.

51. — Les *courtiers* ne peuvent pas se livrer à des opérations de commerce pour leur propre compte (85), mais ils servent d'intermédiaires à ceux qui ont à faire des achats et des ventes ou d'autres opérations commerciales (74). Le *courtage* n'offre donc qu'un louage de services réputé acte de commerce à raison de son application ordinaire à des opérations commerciales.

Nous nous occuperons, en parlant des bourses de commerce, des fonctions des agens de change et des courtiers nommés par le gouvernement. Il nous suffit, en ce moment, de faire observer que les opérations de courtage constituent en elles-mêmes, d'après la loi, des actes de commerce (632).

52. — Dans les lieux où il n'y a pas de courtiers en titre,

---

l'est encore par un arrêt de la cour d'Amiens du 7 mai 1839 (Dalloz, XL-2-117).

M. Orillard, n. 350, pense également que les artistes sont soumis à la juridiction consulaire pour tout ce qui concerne les représentations théâtrales auxquelles ils doivent concourir. Il les considère comme les *facteurs* ou *commis* du directeur, et il leur applique le § 1 de l'art. 634 du code de commerce. Ce point de vue ne nous paraît pas exact. L'artiste qui fournit au directeur l'œuvre de son art ne saurait être assimilé aux facteurs et aux commis que les marchands emploient pour leur négoce. Il est d'ailleurs très-douteux que les simples commis qui ne sont pas commerçans et qui ont simplement loué leurs services, puissent être actionnés par leurs patrons à raison de leurs engagemens devant les tribunaux de commerce. Les dispositions de l'art. 634 sont tout exceptionnelles, et se réfèrent aux demandes que les tiers auraient à former contre un préposé, à l'occasion du commerce du marchand auquel il est attaché. Nous expliquerons cet article dans la quatrième partie de cet ouvrage, en nous occupant de la juridiction commerciale.

toutes les opérations de courtage faites par des personnes non commissionnées sont réputées actes de commerce et se trouvent régies par le droit commercial (1).

53. — Dans les places où il existe des courtiers nommés par le gouvernement, ceux qui se livrent sans titre au courtage et auxquels on a donné la qualification de *courtiers marrons*, contreviennent à la loi et sont passibles d'une amende qu'encourent également les commerçans qui les emploient. Les négociations ainsi faites par des intermédiaires sans qualité sont de plus déclarées nulles (*loi du 27 ventôse, an IX, art.* 8. — *Arrêté du 27 prairial, an X, art.* 4, 6 *et* 7). On doit dès-lors en induire que le courtage illicite ne saurait être réputé acte de commerce, puisque la loi, loin de l'avouer, dénie même à son occasion toute action en justice. Les actes du courtier marron n'ont d'existence juridique qu'à raison des peines encourues par ceux dont ils émanent. Ils sont censés ne pas exister à l'égard de la loi commerciale, puisqu'elle ne s'en occupe que pour les proscrire et pour les frapper de nullité. Ils ne constituent donc pas des actes de commerce, et ils ne sauraient à eux seuls attribuer la qualité de commerçant à ceux qui les exercent habituellement.

54. — Nous nous demanderons s'il y a acte de commerce de la part de celui qui sert d'intermédiaire pour une opération qui n'est commerciale à l'égard d'aucune des parties contractantes. Supposons, par exemple, qu'un propriétaire qui veut vendre des blés soit abouché avec un particulier qui les achète pour sa consommation, par un tiers qui leur sert d'agent intermédiaire. Les démarches de ce tiers employé comme courtier par l'acheteur et par le vendeur constitueront-elles une opération de courtage régie par la loi commerciale? L'art. 74 du code de commerce porte que la loi reconnaît *pour les actes de commerce* des agens intermédiaires. On appliquerait cependant ce texte avec trop de rigueur, si on voulait en induire que le courtage ne peut avoir pour objet que des négociations régies par le code de commerce. L'art. 632 répute d'une manière générale acte de commerce *toute opération de courtage*. Dans l'hypothèse que nous avons posée, si le tiers qui reçoit l'offre du vendeur et la demande de l'acheteur est un courtier en titre, il ne fait en cela qu'un acte de son ministère, à raison duquel les parties doivent pouvoir invoquer la loi commerciale qui

(1) Pardessus, t. I, n. 41 et 121. — Carré, *de la Compétence*, t. VII, p. 218.

le régit par rapport à ses fonctions. S'il s'agit d'un achat et d'une vente opérés sur une place où il n'existe pas de courtiers en titre, le tiers qui a pu licitement servir d'agent intermédiaire, a fait un acte de commerce régi, à son égard, par le droit commercial. Peu importe que le contrat reste soumis au droit civil par rapport au vendeur et par rapport à l'acheteur, qui n'ont pas fait acte de commerce (638); le courtage offre un fait séparé de la vente qu'il a eu pour objet d'opérer, et qui constitue par lui-même un acte de commerce aux termes des dispositions de l'art. 632. Ainsi, dans l'espèce que nous avons posée, les demandes que l'une des parties aurait à former contre le tiers qui a fait l'office de courtier devraient être portées devant la juridiction commerciale. Il en serait autrement, s'il s'agissait de la vente d'une chose qui, par sa nature, ne pourrait pas être réputée marchandise, d'un immeuble par exemple.

§ III.

OPÉRATIONS DE CHANGE. — OPÉRATIONS DES BANQUES PUBLIQUES.

SOMMAIRE.

55. *Commerce de l'argent. — Change. — Lettre de change. — Renvoi.*
56. OPÉRATIONS DE BANQUES.—*Fonctions du banquier dans le commerce.*
57. *De la lettre de crédit.*
58. *Rapports entre le souscripteur de la lettre de crédit, son correspondant et l'accrédité.*
59. *L'accrédité non commerçant ne fait pas acte de commerce en prenant la lettre de crédit. Il ne peut être actionné en remboursement des sommes avancées que devant les tribunaux civils.*
60. *Y a-t-il acte de commerce de la part du particulier non commerçant qui délivre une lettre de crédit? — Distinction.*
61. *Le porteur de la lettre de crédit n'est tenu de faire aucune diligence.*
62. *Des viremens.*
63. *Les paiemens se faisaient autrefois à Lyon à quatre époques de l'année par des viremens.*
64. *Viremens pratiqués à Londres par les banquiers.*
65. *De l'escompte. — Ce que c'est que l'escompte. — Comment il constitue un acte de commerce.*

---

55. — La loi répute actes de commerce, *toute opération de change, entre toutes personnes les lettres de change ou remises d'argent faites de place en place* (632).

Elle répute aussi actes de commerce, *toute opération de banque; toutes les opérations des banques publiques* (632).

Ces négociations se réfèrent toutes au commerce de l'argent qui a pris une si grande extension dans les temps modernes. Le numéraire n'est pour le commerce qu'un instrument servant à exécuter ses opérations, qu'une marchandise qui devient l'objet d'un nombre infini de spéculations. Nous aurons à nous occuper dans un titre particulier du contrat de change, des remises d'argent de place en place, de la lettre de change à l'aide de laquelle le contrat de change s'exécute et qui fait pénétrer la puissance du crédit commercial dans les contrées les plus lointaines. Nous entrerons alors dans quelques détails sur le monnayage, sur la valeur intrinsèque et sur la valeur nominale des monnaies; nous verrons aussi comment elles fonctionnent dans le commerce. Nous ne nous occuperons, dans ce moment, que de quelques opérations particulières de banque et des banques publiques.

56. — Par ces expressions *opérations de banque*, la loi comprend toutes les négociations qui ont pour objet de faire des bénéfices sur le numéraire et sur les papiers commerçables qui le représentent. « Le banquier, dit M. Vincens, est proprement un négociant qui se charge envers les autres commerçans du soin de faire trouver à leur disposition des sommes d'argent dans tel lieu où ils en ont besoin, ou d'en retirer celles qu'ils y ont à recouvrer. Quelquefois le banquier fait ce service comme simple commissionnaire. Le plus souvent il sert à forfait et fait son affaire de choisir la voie la plus économique pour la transmission des fonds. Enfin, c'est fréquemment d'une manière plus générale et plus vaste qu'il opère, en prévoyance des besoins généraux qui doivent se développer dans le commerce (1). »

En attendant que nous nous occupions du change dans un titre particulier, nous allons parler des lettres de crédit, de l'escompte des effets de commerce et des viremens.

57. — La *lettre de crédit* est une rescription ou un mandat par lequel un banquier mande à son correspondant dans un autre lieu de remettre pour son compte à la personne qu'il désigne l'argent qu'elle demandera jusqu'à concurrence d'une somme limitée, ou même sans détermination de somme. Il arrive souvent que les personnes qui voyagent désirent avoir à leur disposition, dans les lieux où elles séjournent, les fonds dont elles peuvent avoir besoin, sans être astreintes à les toucher à jour fixe, et à faire les diligences qu'exigent les lettres de change. Elles ont alors recours aux lettres de crédit que nous venons de définir.

Celui qui consent la lettre de crédit doit avoir le soin de faire apposer la signature de l'accrédité sur un carré de papier qu'il envoie au correspondant chargé de livrer la somme, en lui donnant avis de ses dispositions. Par ce moyen, ce dernier pourra

(1) T. II, p. 375.

constater l'identité du porteur qui se présentera à lui et retirer des quittances régulières en confrontant les signatures qui y seront apposées, avec celle qui lui a été adressée (1).

La lettre de crédit offre, de la part du banquier qui la consent, une opération de change, puisqu'il se charge de faire compter dans les lieux convenus des sommes d'argent en représentation des valeurs qui ont été fournies ou des remboursemens qui lui seront faits. De là s'induit cette conséquence qu'elle constitue un acte de commerce, et que les droits de change et de commission à la perception desquels elle donne lieu, ne sauraient être assimilés, quel qu'en soit le taux, à un intérêt usuraire (2).

Elle constitue celui à qui elle est adressée mandataire de celui qui l'a souscrite, à l'effet de compter à l'accrédité, et pour le compte du mandant, les sommes qu'il réclamera, jusqu'à concurrence de la quotité fixée, ou de l'étendue des avances qu'on peut raisonnablement arbitrer que celui qui l'a délivrée entend qu'on fasse pour son compte. Il en résulte que celui qui a concédé la lettre de crédit peut révoquer les ordres qu'il a donnés (2004 C. civ.); cependant la révocation faite intempestivement, et qui causerait du préjudice à l'accrédité pourrait donner lieu, de sa part, à un recours en dommages (1142 C. civ.).

Le correspondant auquel la lettre de crédit est présentée doit se faire délivrer un reçu motivé en *duplicata* de toutes les sommes

---

(1) Savary a exagéré les dangers que peuvent présenter les lettres de crédit. Il donne pour conseil à ceux qui les délivrent de prendre les précautions suivantes: « Ceux, dit-il, qui voudront faire plaisir à leurs amis en leur fournissant leur lettre de crédit, doivent prendre cette précaution de désigner par leurs lettres d'avis à leurs correspondans les personnes par leurs âge, habits, tailles, couleur ou signe particulier qui se rencontrent sur le corps; ou bien encore par quelque parole que le porteur de la lettre pourra dire, dont ils seront convenus, afin d'éviter les accidens qui peuvent arriver, et que les correspondans puissent payer avec sûreté. » (*Parfait négociant*, t. I, p. 140.)

(2) V. le *Traité de l'usure*, de M. Garnier, p. 29 et suiv.

La lettre de crédit offre le contrat de change dans sa plus grande simplicité; mais ce n'est pas la lettre de change, disent les auteurs du *Dictionnaire du commerce et des marchandises*. « Elle en diffère beaucoup, d'abord en ce que le porteur d'une lettre de crédit peut n'en user que dans de certaines limites et suivant sa volonté, et qu'ainsi le chiffre n'est pas forcément fixé; ensuite en ce que la *lettre de crédit* est personnelle et non transmissible; et enfin, en ce que nulle formalité obligatoire ou conservatoire, comme le protêt ou la dénonciation du protêt, n'est exigée pour la *lettre de crédit* » (vis *Crédit*, lettre de).

qu'il compte. Il garde devers lui un des doubles comme pièce de comptabilité, et il envoie l'autre double à son commettant auquel il sert de titre pour ses règlemens avec l'accrédité.

Lorsque la lettre ouvre des crédits dans diverses localités jusqu'à concurrence d'une somme limitée, on est encore dans l'usage de mentionner sur la lettre elle-même les remises de fonds, afin que chaque correspondant puisse vérifier si le montant du crédit n'est pas épuisé.

58. — Du principe que celui auquel la lettre de crédit est adressée verse les sommes pour le compte de son commettant, s'induit cette conséquence que l'accrédité n'est obligé, à raison des avances qui lui sont faites, qu'envers le banquier qui lui a délivré la lettre de crédit. Le correspondant qui compte les fonds, n'a action, pour être remboursé, que contre son commettant, sans pouvoir exercer, en cas de faillite de ce dernier, aucun recours contre celui qui a perçu les sommes. L'accrédité n'a fait que recevoir en exécution du traité intervenu entre lui et le souscripteur de la lettre de crédit, il n'est nullement garant de l'utilité du recours que le mandataire de ce dernier aura à exercer par suite de l'exécution des ordres qui lui ont été donnés (1). Il en serait autrement s'il s'agissait d'une simple lettre adressée à un correspondant pour accréditer auprès de lui celui à qui elle est consentie, en lui garantissant le remboursement des sommes qu'il délivrera pour son propre compte. Dans ce cas, le bailleur de fonds sera constitué créancier de celui à qui il aura compté, et celui qui aura délivré la lettre de crédit ne sera que caution (2).

59. — Nous avons dit que la délivrance de la lettre de crédit constitue un acte de commerce de la part de celui qui la consent. Il n'en est pas de même par rapport à l'accrédité, s'il n'est pas commerçant. Il n'y a pas de sa part spéculation commerciale, car s'il a versé dans les caisses de son banquier le montant du crédit, il ne fait que quittancer son débiteur en délivrant des reçus pour les sommes qui lui sont livrées. S'il lui est compté des sommes pour lesquelles son banquier se trouve découvert, le reçu qu'il fournit ne vaut que comme simple reconnaissance d'une avance qui lui est faite à titre de prêt (3). Seulement la nature de la con-

(1) Vincens, t. II, p. 381.
(2) Cour de Bordeaux, 30 novembre 1830 (Sirey, XXXI, 2, 167).
(3) Pothier, *Traité du contrat de change*, n. 236.

vention à suite de laquelle la délivrance des fonds a été faite, justifie suffisamment que le ministère du banquier et de son correspondant ne doit pas être gratuit, et qu'il leur revient une commission et un droit de change. Cependant, comme il n'y a spéculation commerciale et acte de commerce que de la part du banquier, il ne pourra actionner son débiteur en paiement et remboursement de ce qu'il lui doit que devant les tribunaux civils s'il n'est pas commerçant.

60. — On a demandé si le non commerçant, qui délivre une lettre de crédit pour faire compter des fonds dans un lieu autre que celui où elle est consentie, fait acte de commerce? Le tribunal de commerce et la cour royale de Paris se sont occupés de cette question dans l'espèce suivante: le sieur Chauvet, simple rentier à Paris, avait donné à la maison Olombel de Mexico, mandat de remettre au jeune Chauvet, qui se trouvait alors à Mexico, l'argent nécessaire pour son retour en France. La maison Olombel s'acquitta de cette commission; elle paya le prix du passage du jeune homme sur un vaisseau, et lui donna les fonds nécessaires pour son voyage. Des difficultés s'étant élevées pour le remboursement de ces sommes, la maison Olombel fait assigner devant le tribunal de commerce de Paris le sieur Chauvet en paiement de ce qu'elle prétendait lui être dû.—Le défendeur décline la juridiction du tribunal de commerce; il soutient qu'il ne s'agit que de l'exécution d'un simple mandat, que dès-lors les tribunaux civils sont seuls compétens pour statuer sur la contestation. — La maison Olombel répond qu'il s'agit d'une véritable opération de change, puisque l'argent compté dans un endroit doit être remboursé dans un autre; que le tribunal de commerce est, par conséquent, compétent. Le 27 février 1828, jugement qui rejette le déclinatoire en se fondant sur les motifs suivans: « Attendu que le sieur Chauvet père, en donnant à la maison Olombel le mandat d'ouvrir à son fils un crédit à Mexico, a fait une véritable opération de commerce, puisqu'il avait pour but de faire payer dans une ville des sommes d'argent qu'il devait rembourser dans une autre. » — Appel de ce jugement ayant été relevé devant la cour royale de Paris, la réformation en fut prononcée en ces termes: « Considérant que le mandat donné par Chauvet à Olombel et compagnie, de Mexico, de remettre à son fils l'argent nécessaire pour faire son voyage, ne constitue pas un acte de commerce: — dit qu'il a été incompétemment jugé; renvoie les parties devant les juges qui doivent en connaître (1). »

Les motifs peu explicites de cet arrêt laissent regretter que la cour ne se soit pas plus amplement expliquée sur le point de droit qui lui était soumis. L'opération intervenue entre Chauvet père et la maison Olombel constituait, sans doute, un acte de commerce de la part de cette maison qui avait spéculé sur des fonds livrés à Mexico et dont elle devait se rembourser sur Paris. Mais il n'y avait pas acte de commerce de la part de Chauvet père, qui ne s'était livré à aucune spéculation commerciale, qui avait simplement demandé des fonds pour son fils en offrant de rembourser à Paris la valeur de ce qui serait compté à Mexico. Il n'y avait de sa part qu'un simple mandat, et nous verrons plus tard, lorsque nous aurons à nous occuper de la commission, que le mandat n'est régi par la législation commerciale qu'à l'égard de celle des parties qui le donne ou qui l'accepte, pour l'exécution d'une opération qualifiée, par rapport à elle, acte de commerce. C'est à tort que le tribunal de commerce de Paris avait pensé qu'il suffisait qu'il y eût eu une somme livrée dans une place et un remboursement à effectuer dans une autre place, pour qu'il dût maintenir sa compétence. Assurément celui qui, se trouvant à Bordeaux, y emprunterait, pour son usage particulier, une somme qu'il devrait rembourser à son domicile à Toulouse, ne pourrait pas être actionné en vertu de son obligation notariée ou de son simple billet devant le tribunal de commerce.

Cette affaire présentait, comme on le voit, des circonstances particulières ; nous devons donc revenir à la question que nous avons d'abord posée. Y aurait-il acte de commerce de la part du non commerçant qui recevrait à Toulouse des fonds en échange desquels il délivrerait une lettre de crédit sur Bayonne?

Assurément, il y aurait acte de commerce, si le donneur de la lettre de crédit spéculait sur cette opération et percevait un droit de change représentant la différence de valeur de l'argent entre les deux places. Il interviendrait alors entre les parties une remise de fonds de place en place, un contrat de change qualifié acte de commerce par la loi (632). Le tiers qui aurait exécuté les ordres et qui aurait fait l'office de commissionnaire (92) pourrait demander devant les tribunaux de commerce contre son commet-

(1) SIREY, XXVIII, 2, 256.

tant le remboursement des sommes qu'il aurait comptées.

On conçoit aussi qu'il en serait autrement si un particulier, voulant obliger un ami, lui remettait gratuitement à Toulouse une lettre portant mandat à un parent avec lequel il serait en comptes à Paris, de lui fournir pendant son séjour dans cette ville, les sommes dont il pourrait avoir besoin. Lors même qu'il y aurait, dans ce cas, remise de fonds à Toulouse, fonds comptés à Paris et remboursement à Toulouse, l'absence de toute spéculation de change laisserait à cette opération les caractères d'un simple mandat gratuit régi par le seul droit civil (C. civ. 1984, 1986, 1999).

61. — Le preneur de la lettre de crédit a la faculté de ne pas s'en servir. A la différence du porteur d'une lettre de change, il n'encourt aucune responsabilité, s'il ne se présente pas au domicile de celui à qui elle est adressée. Si ce dernier venait à tomber en faillite, le souscripteur de la lettre de crédit ne pourrait imputer à l'accrédité de ne pas avoir retiré les fonds qui avaient été faits pour lui être comptés.

62. — On appelle *virement* ou *riscontre* (1) l'opération par laquelle plusieurs personnes, qui se trouvent créancières et débitrices les unes à l'égard des autres, s'entendent pour solder leurs comptes par des transports propres à procurer la compensation de leurs créances et de leurs dettes respectives. Les viremens sont d'un usage fréquent dans le commerce, et éteignent tous les jours des masses énormes de dettes sans emploi du numéraire. Quelques détails d'application sont nécessaires pour faire facilement concevoir comment ils fonctionnent.

Primus doit à *Secundus* 3,000 fr. ; *Secundus* doit à *Tertius* 3,000 fr.; *Tertius* doit à *Primus* 3,000 fr. : soit 9,000 fr. de débets. Supposons que les trois débiteurs se libèrent successivemeut avec du numéraire; la circulation d'une somme de 3,000 fr. sera seule nécessaire, et après que cette somme aura passé par leurs mains, leur position de caisse sera toujours la même. *Tertius*, en effet, remettra à *Primus* 3,000 fr. et se trouvera libéré ; *Primus* remettra cette même somme à *Secundus*, *Secundus* la restituera à *Tertius*. Il ne restera à ces trois débiteurs que des chiffres sur leurs comptes qu'ils auraient pu solder sans faire circuler les 3,000 fr. de numéraire. *Primus* n'avait, en effet, qu'à transporter à *Secundus* ce qui

(1) De l'italien RISCONTRO, *rencontre, choc, comparaison, rapport.*

lui qui était dû par *Tertius*. *Secondus* se serait ainsi trouvé créancier et débiteur de *Tertius*; leurs comptes auraient été balancés et leurs dettes respectives se seraient trouvées éteintes par une simple compensation. Nous n'avons pris que trois personnes pour simplifier l'opération, mais le résultat serait le même si nous en prenions un plus grand nombre; toute la masse des créances et des dettes serait susceptible d'être éteinte sans emploi de numéraire, dès que chacun des créanciers pourrait, par des viremens, parvenir à solder son passif avec son actif.

63.—C'est ainsi qu'autrefois les paiemens se faisaient à Lyon, à des jours fixes, à quatre époques de l'année, aux Rois, à Pâques, au mois d'août et à la Toussaint. Les négocians s'assemblaient à la bourse pour régler leurs comptes et opérer des viremens à l'aide desquels ils se libéraient respectivement par des écritures, et en n'employant le numéraire que pour les appoints (1).

64.—Aujourd'hui, Londres est la place sur laquelle les viremens sont le plus pratiqués. « Les négocians n'ont presque jamais une caisse attachée à leurs comptoirs, dit J.-B. Say; ils chargent des banquiers, qui n'ont point d'autres fonctions, de recevoir et de payer pour eux. Toutes les affaires se règlent par des mandats (*checks*) que chacun fournit sur son banquier, auquel on remet en même temps tous les mandats que l'on reçoit. Les banquiers se rassemblent ensuite chaque jour, à une certaine heure, dans un comptoir de règlemens (*clearing house*), et compensent les mandats qu'on a sur eux avec les mandats qu'ils ont sur les autres (2). Le nombre des banquiers de Londres est de soixante-dix; ils effectuent chaque jour des paiemens pour une somme de quatre millions huit cent mille livres sterling (3), c'est-à-dire de cent à

---

(1) V. dans Jousse, sur l'art. 7 du tit. v de l'ordonn. de 1673, le règlement du 2 juin 1667 *pour les acceptations, les paiemens et autres dispositions concernant le commerce de la ville de Lyon.*

« C'est une chose admirable, dit Savary, que de voir la manière avec laquelle les banquiers et négocians de Lyon font les acceptations et les paiemens les uns aux autres des lettres de change qui se tirent et remettent de toutes les places de l'Europe, payables dans les paiemens; car il se fera quelquefois en deux ou trois heures de temps un million de livres, sans débourser un sol. » Cet auteur expose ensuite avec détail comment se faisaient ces opérations en soldant le passif de chaque compte avec des créances. (*Parfait négociant*, t. I, p. 257.)

(2) Thornton, *Inquiry into the nature and effects of credit.*

(3) Yates, *Essays on currency and circulation*, p. 16.

cent vingt millions, monnaie de France; ce qui suppose des paiemens pour au moins trente-sept milliards par année. On ne se sert de monnaie que pour payer des appoints, et cette monnaie se compose presque entièrement de billets de confiance (*bank-notes*). Deux cent-cinquante mille livres sterlings suffisent à cette immense circulation (1).

65.—Après avoir parlé des viremens, nous devons nous occuper de l'*escompte,* afin qu'on puisse saisir ensuite avec plus de facilité ce que nous aurons à dire sur les banques publiques. On donne le nom d'escompte à la déduction consentie sur le montant d'une somme non exigible au profit de celui qui en anticipe le remboursement. Escompter des effets de commerce, c'est s'en rendre cessionnaire avant l'échéance, en déduisant de leur montant une somme proportionnée au temps qui doit s'écouler jusqu'à l'exigibilité. On sait que l'escompte est d'un usage fréquent dans le commerce, même en matière de vente. Lorsque l'acheteur paie comptant des marchandises qu'on est dans l'habitude de livrer à terme, on lui consent ordinairement déduction sur le montant de sa facture, d'un escompte de tant pour cent, selon l'usage de la place. Il est, en effet, juste que l'acheteur, qui avait compris dans ses prix l'intérêt de son capital jusqu'au paiement, indemnise l'acheteur qui lui compte le montant de la vente. Il en est de même par rapport aux effets de commerce : le négociant qui a besoin de réaliser des fonds et qui n'a que son crédit ou du papier en portefeuille, livre des effets à son banquier qui lui en compte le montant en déduisant, à titre d'escompte, l'intérêt à courir jusqu'au jour de l'échéance, le change dont nous parlerons plus tard, et un droit de commission pour ses soins, parce que rien ne se fait gratuitement dans le commerce (2). L'escompte

(1) SAY, *Cours d'économie politique*, t. III, p. 127.—SIMONDE DE SISMONDI, *Nouveaux principes d'économie politique*, t. II, liv. V, chap. 7, p. 74 et suiv.

(2) Il convient de faire remarquer que dans la supputation des jours, on est dans l'usage de compter celui où l'on escompte, mais de ne pas compter le jour de l'échéance. La raison de cette pratique est que l'argent ne profite pas à celui qui paie le jour même du paiement, mais qu'il en tire intérêt le jour de l'échéance.

On est également dans l'usage de ne diviser l'année qu'en 360 jours dans les calculs de banque.

V. le *Dictionnaire du commerce et des march.*, v° ESCOMPTE.

des effets commerçables constitue donc une opération de banque qui doit être considérée comme un acte de commerce (632). Cette précision est importante à raison des lois prohibitives de l'usure. On a quelquefois tenté d'assimiler, celui qui escompte du papier, au prêteur à intérêt, et on a voulu appliquer à l'escompte les dispositions qui prohibent les perceptions d'intérêts usuraires. Quelques détails sont nécessaires pour exposer les règles importantes pour le commerce que la jurisprudence a tracées avec sagesse sur ce point.

66. — La loi du 3 septembre 1807 sur le prêt à intérêt, porte que l'intérêt conventionnel ne peut pas excéder cinq pour cent en matière civile, et six pour cent en matière de commerce (art. 2). Elle veut que tout prêteur, convaincu d'avoir perçu un intérêt qui excède ce taux, soit condamné à restituer l'excédant, ou à en souffrir l'imputation sur le principal (art. 3). Enfin, elle prononce de fortes peines pécuniaires contre ceux qui se livrent habituellement à l'usure (art. 4).

On voit, d'après ces dispositions, que notre législation considère le numéraire comme une marchandise dont l'usage a une valeur qui peut être représentée par un prix. Seulement, dans des intérêts d'ordre public, elle fixe à ce prix, appelé intérêt, un *maximum* qu'il est défendu de dépasser (1).

67. — On a demandé si ces règles qui régissent le *prêt à intérêt* sont applicables à l'*escompte* des effets de commerce, c'est-à-dire si cet escompte constitue une usure prohibée lorsqu'il excède un intérêt de 6 pour cent, dont la perception est seule autorisée en matière commerciale.

La solution de la question amène à examiner s'il y a identité entre le prêt à intérêt et l'escompte des papiers de commerce. L'analyse signale entre eux des différences qui éloignent bien-

(1) On peut voir sur les dispositions des anciennes lois qui proscrivaient les stipulations d'intérêt, Pothier, de l'*Usure qui se commet dans le prêt de consomption.* Il émet dans les nos 128 et suivans des principes sur l'*escompte* qui ne peuvent plus être appliqués aujourd'hui. — On peut consulter sur l'usure considérée sous le point de vue économique, Montesquieu, *Esprit des lois*, liv. XXII, chap. XIX. — J.-B. Say, *Cours complet d'économie politique pratique*, cinquième partie, chap. XXVII, t. IV, p. 242. — Jérémie Bentham, *Défense de l'usure ou Lettre sur l'inconvénient des lois qui fixent le taux de l'emprunt de l'argent*, traduction française faite sur la quatrième édition anglaise, in-8o, Paris, 1828. — Voici en quels termes Turgot s'était exprimé sur l'intérêt de l'ar-

tôt toute idée de les confondre. Celui qui emprunte, reçoit une somme d'argent dont il se constitue débiteur et qu'il s'engage à restituer à une époque déterminée. L'intérêt qu'il s'oblige à payer est la représentation de ce que vaut l'usage de cette somme comme capital productif (1). Celui à qui on escompte un effet de commerce, cède un titre représentant une somme en numéraire que le souscripteur et que les signataires doivent faire compter dans un lieu et à une époque déterminés. Ce titre n'est, en réalité, qu'un papier-monnaie qui n'a pas cours forcé, émis par des particuliers, susceptible de passer de main en main, et dont la valeur peut subir les mêmes variations que celles que peut encourir le crédit commercial des individus qui en sont les signataires. Assurément, on n'a jamais eu l'idée de considérer comme usuriers ceux qui prennent les effets publics du gouvernement au-dessous du pair, et qui se procurent ainsi un intérêt supérieur au taux légal, parce qu'ils assument sur eux les chances politiques

---

gent dans ses *réflexions sur la formation et la distribution des richesses*. « On peut regarder le prix de l'intérêt comme une espèce de niveau au-dessous duquel tout travail, toute culture, toute industrie, tout commerce cessent. C'est comme une mer répandue sur une vaste contrée; les sommets des montagnes s'élèvent au dessus des eaux et forment des îles fertiles et cultivées. Si cette mer vient à s'écouler, à mesure qu'elle descend, les terrains en pente, puis les plaines et les vallons paraissent et se couvrent de productions de toute espèce. Il suffit que l'eau monte ou descende d'un pied pour inonder ou pour rendre à la culture des plages immenses. C'est l'abondance des capitaux qui anime toutes les entreprises et le bas intérêt de l'argent est à la fois l'effet et l'indice de l'abondance des capitaux. »

« Si l'intérêt est à 5 pour 100, avait-il dit quelques lignes avant, toute terre à défricher dont les produits ne rapportent pas 5 pour 100, outre le remplacement des avances, et la récompense des soins du cultivateur, restera en friche. Toute fabrique, tout commerce qui ne rapportera pas 5 pour 100 outre les salaires et l'équivalent des peines et des risques de l'entrepreneur, n'existeront pas. S'il y a une nation voisine chez laquelle l'intérêt ne soit qu'à 2 pour 100, non seulement elle fera tout le commerce, mais encore ses fabricans, ses négocians pouvant se contenter d'un profit moindre, établiront leurs denrées à plus bas prix dans tous les marchés et s'attireront le commerce presque exclusivement de toutes les choses dont des circonstances particulières, ou la cherté des frais de voiture, ne conserveront pas le commerce à la nation où l'argent vaut 5 pour 100 » (p. 117 et 118, § 88 et 89 *de l'édition de* 1788).

(1) Simonde de Sismondi, *Nouveaux principes d'économie politique*, t. II, p. 33.

qui peuvent hausser ou diminuer la valeur de leurs titres. Il en est de même par rapport aux papiers commerçables : celui qui les prend en échange du numéraire qu'il livre, assume les chances commerciales que les signataires ont à subir. Le titre qu'il reçoit n'a de valeur qu'à raison de l'argent qu'il représente, et qu'en proportion de la facilité avec laquelle cet argent sera touché à l'échéance. D'un autre côté, le banquier qui livre ses fonds, même en échange d'un papier dont il est certain de toucher le montant, a droit, non seulement à une déduction de l'intérêt légal, mais encore à une *commission*, à raison des soins qu'il sera obligé de se donner pour le recouvrement qu'il se charge de faire faire pour son propre compte. Il est donc juste que l'escompte qu'il perçoit soit plus élevé que l'intérêt légal des fonds qu'il livre en échange de ceux qu'il ne recouvrera qu'à l'échéance. Enfin lorsque nous nous occuperons du *change*, nous verrons que l'argent n'a pas la même valeur sur toutes les places, que la valeur d'un effet cédé dans un lieu autre que celui où il doit être acquitté, doit encore varier à raison du cours du change entre les deux places. Toutes ces circonstances démontrent de la manière la plus manifeste qu'on ne saurait confondre l'escompte avec l'intérêt perçu à l'occasion d'un prêt, sans porter une atteinte funeste aux transactions commerciales (1).

68. — C'est aussi ce qui a amené les tribunaux à faire une juste distinction entre les opérations de banque et les prêts usuraires déguisés sous la forme de l'escompte. Autant il importe d'atteindre la fraude sous tous les masques qu'elle revêt, autant il convient de protéger les spéculations soumises aux chances du commerce et qui n'offrent rien d'illicite. C'est en faisant une saine application des principes, que la cour de cassation n'a pas voulu voir le délit d'habitude d'usure dans le fait de la perception réitérée d'un escompte supérieur à l'intérêt légal. Le premier de ses arrêts, en date du 8 avril 1825, rendu à suite d'un rapport lumineux de M. Ollivier, casse un jugement du tribunal civil d'Alen-

(1) Le code espagnol fixe à six pour cent l'INTÉRÊT (*el rédito*) légal et conventionnel en matière commerciale (art. 397 et 398); quant à l'ESCOMPTE, il déclare que les parties pourront le fixer, suivant leur libre arbitre, à un taux purement conventionnel : « *Los descuentos* de las letras de cambio, pagarés à la orden y demas valores de comercio endossable, *no estan sujetos à la tasa del seis por ciento;* y las partes los contrataràn con entera libertad à precios convencionales (art. 400.) »

çon qui avait condamné un nommé *Desprès-Eglé* à 2,000 fr. d'amende pour délit d'habitude d'usure. Trois autres arrêts de la même cour ont encore consacré une semblable distinction entre l'escompte qui n'a rien d'illégal, et la perception d'un intérêt plus élevé que le taux légal, qui est prohibée. Le premier de ces arrêts a été rendu le 26 août 1825, dans la cause du sieur *Désir*, le second le 4 février 1828, dans celle du sieur *Dufay*, et le troisième, le 16 août de la même année, dans celle du sieur *Lebègue*. Enfin un nouvel arrêt rendu par la cour de cassation le 14 juillet 1840, décide que le banquier qui ouvre un crédit, peut légitimement percevoir, outre l'intérêt légal, un droit de commission sur les sommes dont il a fait l'avance (1).

Les cours royales ont suivi de cette jurisprudence ainsi que l'attestent un arrêt de la cour de Toulouse en date du 25 juin 1829, un arrêt de la cour de Grenoble en date du 16 février 1836 et un arrêt de la cour de Paris en date du 18 janvier 1839 (2). L'arrêt de la cour de Grenoble constate les principes d'une manière remarquable : « Attendu, portent ses motifs, que ces opérations constituent ce qui, dans le commerce, est considéré comme une opération de banque, à raison desquelles les banquiers perçoivent, indépendamment de l'intérêt commercial, un escompte et droit de commission pour les change, frais et bénéfices ; — Attendu que l'escompte et le droit de commission suivent les variations du temps, des lieux où se font les opérations et la plus ou moins grande abondance de l'argent sur la place ; que dans cette incertitude, la loi ne pourrait fixer le taux de l'escompte, commission ou droit de change » (3).

---

(1) Sirey, XXV-1-358 et 360;—XXVIII-1-99;—XXIX-1-37;—XL-1-897.

(2) Sirey, XXX-2-320;—XXXVII-2-361;—XXXIX-2-262.

(3) V. Garnier, *Traité de l'usure*, p. 29 et suiv., p. 59 et suiv. — V. Chardon, *Traité du dol et de la fraude*, t. III, p. 195 et suiv., 204 et suiv.

Il est à remarquer que dans l'espèce qu'offrait l'arrêt de la Cour de Grenoble ainsi que dans celle de l'arrêt de la Cour de Paris du 18 janvier 1839, les effets avaient été escomptés au tireur lui-même. On eut raison de ne pas s'arrêter à cette circonstance pour considérer la négociation comme un prêt.

Mais dans cette même affaire soumise à la Cour de Grenoble, les banquiers avaient fait plus que retenir un escompte, ils avaient capitalisé à chaque règlement de compte, les intérêts, l'escompte et la commission, et ils avaient per-

69. — Tout en consacrant ces principes à l'égard des opérations commerciales, les tribunaux ont toujours déployé une juste sé-

---

çu un nouveau droit d'escompte et de commission sur le solde porté en tête des nouveaux comptes. De plus, ils avaient fait produire intérêt au solde porté à nouveau, qui comprenait l'escompte et les intérêts, quoique des règlemens fussent intervenus à des intervalles de moins d'une année.

La Cour considéra que des droits d'escompte et de commission ayant été perçus une première fois, ne pouvaient plus être perçus de nouveau à chaque règlement; elle ordonna, en conséquence, que ces droits seraient distraits du montant de la créance, et il paraît même que les banquiers consentirent à cette distraction. Il ne peut, en effet, y avoir rétention légitime d'un escompte et d'un droit de commission, que lors de la négociation du papier commerçable. Le solde d'un compte courant ne constitue qu'une dette, et les prétendus droits d'escompte et de commission qu'on y joindrait à l'intérêt légal, ne seraient, dans la réalité, que des intérêts usuraires. Les tribunaux ont pris pour règle de n'allouer dans les comptes courans, en sus de l'intérêt légal, que les droits de commissions réellement dus à raison des démarches faites par les banquiers pour se procurer les valeurs avancées. V. un arrêt de la Cour de Dijon, du 24 août 1832; un arrêt de la Cour de Grenoble, du 6 mars 1840. (Sirey, XXXV-1-33.—XL-2-214); et un arrêt de la Cour de cassation du 14 juillet 1840 (Sirey, XL-1-807).

Quant à la question relative aux intérêts qui avaient été capitalisés et qui avaient produit de nouveaux intérêts, la Cour la décida en faveur des banquiers. Il faut, en effet, reconnaître que les dispositions du code civil relatives aux intérêts *moratoires* reposent sur des principes qu'on ne saurait appliquer aux matières commerciales sans méconnaître les usages que le commerce a introduit et qui émanent de la nature particulière qu'offrent ses transactions.

Ainsi, il est aujourd'hui généralement passé en jurisprudence que les sommes dues par compte courant sont, de plein droit, productives d'intérêt parce qu'on regarde le solde de chaque compte comme un prêt, comme une avance faite par un mandataire (c. civ., 2101.) et que tout capital est d'ailleurs considéré comme productif dans le commerce. (V. les arrêts de la Cour de cassation, du 17 mars 1824; de la Cour de Paris, du 12 juin 1812; de la Cour de Bordeaux, du 4 juillet 1832. (Sirey, XXV-1-147.—XII-2-403.—XXXIII-2-35.) Voy. aussi le *Dictionnaire du commerce et des marchandises* v° Compte courant, (*Jurisprudence*).

Il est également établi par les usages du commerce, que les comptes courans sont réglés à des époques fixes et que celui des deux correspondans qui se trouve débiteur s'acquitte alors de ce qu'il doit. S'il ne se libère pas, son solde est porté à nouveau compte pour la continuation des opérations et produit des intérêts à partir de chaque règlement, lors même que ces règlemens interviennent plus d'une fois par année. Il est vrai que les intérêts peuvent se

vérité envers ceux qui s'étaient permis de déguiser l'usure sous les apparences du change. C'est en appréciant la position respective des parties et les circonstances de fait qu'offre chaque cause, qu'ils vérifient, dans les affaires de cette nature, s'il y a réellement eu escompte commercial, ou s'il n'y a eu qu'un simple prêt usuraire dissimulé par des effets de commerce. La preuve testimoniale, toujours admissible pour établir le dol et la fraude (C. civ. 1353), est recevable en matière d'usure, sans qu'il soit nécessaire de se pourvoir par la voie de l'inscription de faux contre les énonciations que contiennent les titres et qui tendraient à établir l'entière numération des sommes prétendues livrées (1).

70. — Nous nous sommes jusqu'à présent occupé du commerce de l'argent fait par des particuliers, nous avons mainte-

---

trouver ainsi capitalisés pour produire de nouveaux intérêts, mais la jurisprudence à sanctionné, à cet égard, les usages du commerce en déclarant que les dispositions de l'art. 1154 du code civil ne sont pas applicables aux matières commerciales.— Cour de cassation, 19 décembre 1827; (Dalloz, XXVIII-1-64.— Cour de Dijon, 12 novembre 1834; Cour de Grenoble, 16 février 1836. (Sirey, XXXV-1-334.—XXXVII-2-361). Cour de cassation, 14 juillet 1840. (Sirey, XL, 1, 897).—Zachariæ, *Cours de droit civil français*, t. II, p. 326. —Vincens, t. III, p. 158. — V. Pardessus, t. II, n. 475. Quoique l'anatocisme ne soit pas illicite en soi (Wolff, *Institutiones juris naturæ*, § 651), l'ordonnance de 1673 rédigée sous l'influence des prohibitions du droit canonique, l'avait proscrit (tit. VI, art. 2), mais l'usage l'a maintenu, et on doit, en effet, reconnaître que les engagemens commerciaux doivent être soumis, quant aux conséquences de leur inexécution, a des règles plus rigoureuses que ceux qui sont régis par le droit civil (1153 c. civ.). Le négociant qui a promis à son banquier de solder ses comptes courans tous les trois mois et qui n'exécute pas cette promesse, doit l'indemniser en lui faisant compte des intérêts moratoires que produira le solde porté à nouveau. Le code de commerce de l'Espagne, quoique rigoureux en matière prêt à intérêt, permet de comprendre les intérêts des créances échues dans le solde des comptes et de leur faire aussi produire des intérêts. (art. 401.)

V. sur les *comptes courans* une dissertation remarquable de M. G. Massé, qui se trouve dans le t. XXXIX, Ire partie, p. 256 du Recueil de Sirey des lois et arrêts.

(1) Cour de cassation, 28 juin 1821 et 18 février 1829; (Sirey, XXII-1-269.—XXIX-1-96.) Cour de Riom, 16 janvier 1827; Cour de Caen, 25 juillet 1827; Cour de Bourges, 2 juin 1831. (Sirey, XXVII-2-57.—XXX-2-204.—XXXI-2-248.) Toullier, *Droit civil français*, t. IX, n. 193. V. Zachariæ, *Cours de droit civil français*, t. III, p. 100.

nant à parler des *banques publiques* dont les opérations sont aussi régies par le code de commerce (632). Les banques publique sont des associations de capitaux établies sous l'autorité du gouvernement et régies par des statuts qu'il a sanctionnés. On distingue deux espèces de banques publiques, les *banques de dépôt* ou *à viremens* et *les banques d'escompte.*

71. — Les *banques de dépôt* ou à *viremens* reçoivent en dépôt les monnaies nationales et étrangères, les lingots d'or et d'argents et les objets précieux. Elle ouvrent en faveur des déposans des crédits sur leurs livres, en représentation de la valeur intrinsèque des objets déposés qui peuvent toujours être retirés. Elles en établissent la valeur en une monnaie nominale de banque qui a un cours connu et qui est à l'abri des dépréciations que les altérations font quelquefois subir aux monnaies circulantes. Celui en faveur duquel un crédit est ainsi ouvert à la banque, possède un capital qu'il peut facilement céder au moyen du simple transport de son inscription au crédit des cessionnaires. Un modique droit de transfert constitue les bénéfices de la banque et sert à la couvrir de ses frais. Les valeurs déposées circulent ainsi sans être déplacées. Les règlemens s'opèrent à la banque avec facilité par des viremens, en portant au crédit de l'un ce qui est au crédit de l'autre. En un mot, les banques de dépôt procurent l'avantage de substituer une tradition symbolique des monnaies ou des métaux dont la valeur est constatée, à une tradition réelle des espèces circulantes qui en nécessiterait la vérification, la numération, le transport et la garde (1).

72.— Les banques ainsi établies ne facilitent les négociations qu'à ceux auxquels des crédits sont ouverts. Les avantages qu'elles procurent peuvent être étendus à la masse du public en substituant aux crédits établis sur les livres, des *billets au porteur* représentant les valeurs déposées. Ces billets constituent alors des assignations sur le trésor de la Banque et sont payables à bureau ouvert. La faculté qu'ont ceux qui les possèdent de pouvoir les échanger contre du numéraire, les maintient dans la circulation. On les préfère aux espèces métalliques parce qu'ils sont d'un transport beaucoup plus facile et parce qu'ils représentent une valeur connue qui n'est jamais altérée. Ces billets diffèrent de

---

(1) V. sur l'origine des banques de dépôt, PARDESSUS, *Collection de lois maritimes*, t. III, *introduction*, p. C. XIII.

la monnaie métallique en ce qu'ils ne sont que le *signe* de la valeur qu'ils représentent, tandis que la monnaie, qui a une valeur intrinsèque comme métal, en est à la fois le signe et le gage. Ils se distinguent du papier-monnaie en ce qu'ils n'ont pas ordinairement de cours forcé, et qu'ils peuvent être convertis en argent à la volonté des porteurs. Ils diffèrent des autres papiers commerçables en ce que la propriété s'en transfère sans endossement, sans aucune garantie, par la simple tradition, et en ce que le numéraire ou les valeurs qu'ils représentent sont dans un dépôt public à la disposition des porteurs. Les *banques de dépôt et à billets* facilitent les opérations de commerce, mais n'augmentent pas la masse des richesses, car les valeurs dont leurs billets ne sont que le signe, existent en nature, et restent en dépôt dans leurs caisses.

73. — On passe naturellement des banques à dépôt et à billets aux *banques d'escompte*. L'expérience atteste que les billets émis en représentation des valeurs déposées ne viennent jamais tous à la fois au remboursement. Dans les banques bien établies, et dont les opérations sont étendues, le tiers en numéraire des valeurs émises suffit amplement pour pourvoir aux éventualités même extraordinaires qui amènent les billets au remboursement. En se fondant sur cette base donnée par l'expérience, on est amené à spéculer sur l'émission d'une masse de billets triple du numéraire qui doit rester en caisse. C'est ce qu'exécutent les banques d'escompte de la manière suivante. Des actionnaires se réunissent et forment un capital qui doit être maintenu intégralement dans les caisses. La banque ainsi constituée, escompte les effets de commerce à échéances peu éloignées portant des signatures qui présentent des garanties déterminées. Elle livre, en représentation des effets de commerce qu'elle prend, ses billets payables au porteur et à vue. L'escompte qu'elle perçoit constitue ses bénéfices, et elle peut opérer sur des valeurs triples de celles qu'elle garde en numéraire dans ses caisses. Ainsi, avec un capital de 10 millions, une banque bien établie peut percevoir, par ses escomptes, un intérêt sur 30 millions. Elle reçoit des effets à terme, et elle livre ses billets à vue; mais elle à la certitude que ses billets resteront dans la circulation à raison des avantages qu'ils procurent, et ne viendront pas au remboursement. Elle offre pour garantie à ceux qui les détiennent, d'abord les effets qu'elle escompte, qui la couvrent au-delà de ses émissions, puisqu'elle ne livre pas en billet l'entier montant des valeurs à terme dont elle se charge. Elle offre, en second lieu, son capital tenu en caisse pour pourvoir aux remboursemens courans, et qui représente encore le tiers des valeursémises. Ainsi une banque établie au capital de 10 millions, doit posséder toujours pour plus de 30 millions d'effets en portefeuille à des échéances peu éloignées, et 10 millions de numéraire qui garnissent ses caisses. Plus de 40 millions de valeurs représentent donc les 30 millions de billets qu'elle émet. On voit dès-lors que ces garanties peuvent dépasser celles qu'offrent les simples banques de dépôt.

Dans l'état normal de ses opérations, une banque d'escompte ainsi établie, présente sans cesse l'entrée dans ses caisses du montant des effets qu'elle recouvre, et la sortie des billets qu'elle livre en faisant ses escomptes. Le capital qu'elle doit garder peut lui produire un triple intérêt puisqu'elle opère sans cesse sur des masses de valeurs trois fois aussi fortes que le numéraire qu'elle garde inactif devers elle. Ce capital, en garantissant au public le paiement courant de ses billets, lui amène les effets de commerce à l'escompte, et arrête l'arrivée de ses billets au remboursement. Si l'équilibre se rompt, si la rentrée des billets est plus forte que leur sortie par les escomptes, la banque éprouve une crise que le retour de la confiance peut seul dissiper.

On se demandera cependant ce que ferait une banque ainsi établie, si tous ses billets venaient à remboursement. La solution du problème est facile, et il est certain qu'en face même de sa chute, les porteurs de ses billets éprouveraient peu de pertes. Pendant que son trésor se viderait pour pourvoir aux demandes en remboursement, son portefeuille ferait tous les jours arriver les fonds provenant de ses recouvremens journaliers. Il pourrait y avoir quelque lenteur dans sa liquidation; mais si son organisation avait été bien combinée, si ses statuts ne lui avaient permis d'escompter que du bon papier, les derniers venus pourraient éprouver quelque retard, mais ils n'auraient à supporter sur le montant de leurs billets aucune perte.

74. — C'est sur les triples bases qui servent de fondement aux banques de dépôt, aux banques à billets et aux banques d'escompte, que la banque de France est établie. Sa création remonte au consulat : le génie puissant qui présidait alors aux destinées de notre pays et qui s'efforçait d'y faire renaître le crédit public et le crédit commercial, lui donna les fondemens d'airain

qui l'ont soutenue à travers toutes nos tourmentes politiques. L'État et le commerce l'ont toujours trouvée prête à les secourir dans les momens de crise (1). Nous allons jeter un coup d'œil rapide sur les bases qui lui servent de fondement, en renvoyant pour les détails à ses statuts et aux lois qui l'ont organisée, que nous nous bornerons à indiquer en note (2).

---

(1) Voici comment s'exprime à ce sujet M. Rossi dans son rapport, si remarquable, à la chambre des pairs, sur le projet relatif à la prolongation du privilége de la banque de France qui est devenu la loi du 30 juin 1840.

« L'État dans le cours de ces quarante années, a fait avec la banque des opérations nombreuses dont le montant dépasse 5 milliards. En l'an XIII pendant la campagne d'Austerlitz, la banque avançait au trésor 63 millions à la fois; elle lui faisait une avance encore plus considérable l'année suivante (86 millions). Dans le cours de ces deux années, les sommes avancées successivement par la banque au gouvernement, sous forme d'escompte ou autrement, dépassent 500 millions. De 1812 à 1814 inclusivement, dans ces années si difficiles, la banque a fait au gouvernement des avances de 60, 70, 80 millions à la fois; et les sommes successivement prêtées, dans ces trois années, montaient à 884 millions. En décembre 1830, la banque a prêté au gouvernement 86 millions, et 107 millions en 1831, et successivement jusqu'à 600 millions dans les deux premières années de la révolution de juillet.

« Dans le cours de la même période, la banque a fait avec le commerce de la capitale et des villes qui profitent des comptoirs de la banque, des opérations pour plus de 20 milliards. Les escomptes ordinaires entrent pour 17 milliards.

« Le commerce n'a pas oublié que les caisses de la banque n'ont pas été fermées au jour du danger. Citons trois époques critiques: en 1817 et 1818, les escomptes se sont élevés à 1 milliard 162 millions; en 1825, 26, à 1 milliard 326 millions; elle a escompté 450 millions dans le second semestre de 1830; depuis 1836, malgré la crise qui a si violemment agité le monde commercial, les escomptes et avances de la banque, jusqu'à la fin de 1839, donnent la somme de 4 milliards 350 millions.

« Tandis qu'à Londres l'escompte s'élevait à 6, 8 et même 10 pour 100, et qu'il atteignait à Philadelphie le taux incroyable de 36 pour 100, la banque de France n'a jamais cessé d'escompter à 4 pour 100. (*Séance de la chambre des pairs du 22 juin* 1840; MONITEUR du 24 juin, p. 1536.)

(2) V. la loi du 24 germinal an XI qui crée et organise la banque de France. —La loi du 22 avril 1806, qui proroge son privilége et complette son organisation. — Le décret du 16 janvier 1808 qui arrête définitivement ses statuts. — Le décret du 18 mai 1808, contenant organisation des comptoirs de la banque de France. — Le décret du 3 septembre 1808 sur les dépôts. — Le décret du 25 septembre 1813 sur les transferts des actions appartenant aux mineurs

Comme *banque de dépôt*, la banque de France reçoit en dépôt les titres, lingots et monnaies d'or et d'argent de toute espèce; elle a la faculté de faire des avances sur ces valeurs (*Déc. du 16 janvier* 1808, art. 9, 4° — *L. du 17 mai* 1834, art. 3). Elle reçoit en compte courant les sommes qui lui sont versées, et elle paie, jusqu'à concurrence des sommes encaissées, les dispositions faites sur elle et les engagemens pris à son domicile (*même décret*, art. 9, 3°). Elle se charge du recouvrement des effets qui lui sont remis (*même décret*, art. 9, 2°), et elle a la faculté de faire des avances sur les effets publics à échéances déterminées ou non déterminées, qui lui sont remis en recouvrement (*idem*, art. 16. — L. du 17 mai 1834, art. 3).

Comme *banque d'escompte*, elle escompte tous les jours, excepté les jours fériés, les effets de commerce à ordre à des échéances déterminées, qui ne peuvent excéder quatre-vingt-dix jours et qui portent au moins trois signatures de commerçans ou autres personnes notoirement solvables. — Elle peut cependant admettre à l'escompte des effets garantis par deux signatures seulement, après s'être assurée qu'ils sont créés pour fait de marchandise, si on ajoute à la garantie des deux signatures, des effets publics français de toute nature (*idem*. art. 9, 1° et art. 12. — *Loi du* 30 *juin* 1840, art. 3). — Mais elle doit refuser d'escompter les effets dérivant d'opérations qui paraîtraient contraires à la sûreté publique; les effets qui résultent d'un commerce prohibé; les effets dits de circulation, créés collusoirement entre les signataires,

---

ou interdits. — La loi du 17 mai 1834 sur les fonds de réserve et sur les actions immobilisées. — L'ordonnance du 15 juin 1834 sur les avances sur effets publics à échéance non déterminée. — La loi du 30 juin 1840, portant prorogation du privilége.

On peut consulter sur la théorie des banques, M. VINCENS, *Législation commerciale*, t. II, p. 427 et suiv. — ADAM SMITH, *Recherches sur la nature et sur les causes de la richesse des nations*, traduction et notes de GARNIER, liv. IV, — chap. 3. — J.-B. SAY, *Traité d'économie politique*, liv. I, chap. XXX, §§ 1 et 3. Le *Cours d'économie politique* du même auteur, IIIe part., IIIe. divis, chap. XXVII et suiv. — SIMONDE DE SISMONDI, *Nouveaux principes d'économie politique*, liv. V, chap. VII et suiv. (Il signale les dangers qu'offrent les banques.) *The history and principles of Banking*; by JAMES WILLIAM GILBART, London, 1835, in-8°. Cet ouvrage offre une excellente histoire des banques européennes et fait connaître l'organisation de la banque d'Angleterre. — Le *Dictionnaire du commerce et des marchandises*, v° BANQUE.

sans cause ni valeur réelle (*L. du 24 germinal an XI*, art. 5).

Comme *banque à billets et de circulation*, elle émet des billets payables à vue et au porteur, dont la moindre coupure est de 500 francs. (*Loi du 24 germinal an XI*, art. 1 et 4), qui n'ont pas cours forcé (*avis du conseil d'État du 12 frimaire an XIV*), mais dont la contrefaçon est cependant punie comme celle des monnaies métalliques, c'est-à-dire des travaux forcés à perpétuité (*L. du 24 germinal an XI*, art. 36. — C. pén. art. 139).

La banque de France a le privilége d'émettre seule à Paris des billets de banque. Ce privilége lui fut d'abord accordé pour 15 années à dater du 1er vendémiaire an XII, par la loi du 24 germinal an XI, fut prorogé pour 25 autres années par la loi du 22 avril 1806; et a été de nouveau prorogé jusqu'au 31 décembre 1867, par la loi du 30 juin 1840. Néanmoins, il pourra prendre fin et être modifié le 31 décembre 1855, s'il en est ainsi ordonné par une loi votée dans les deux sessions qui précèderont cette époque.

Après avoir ainsi rapidement signalé les opérations auxquelles se livre la banque de France, entrons dans quelques courts détails propres à mieux faire apprécier les garanties qu'elle offre et les services qu'elle rend au commerce.

Les opérations d'une banque reposent sur le crédit dont elle jouit, et ce crédit est proportionné aux sûretés qu'elle présente. Ses billets ne sont qu'un *signe* du numéraire et ne conservent leur valeur nominale qu'autant qu'ils peuvent être tous les jours échangés contre les monnaies métalliques qu'ils représentent. Pour offrir ces garanties la banque de France possède un capital de 67 millions 900 mille fr. représenté par 67,900 actions de 1,000 fr. chacune. Ce capital ne peut être augmenté ou diminué que par une loi spéciale (*L. du 30 juin 1840*, art. 2). Ces 67 millions 900 mille fr. sont représentés par 3 millions environ de rente 5 pour 100 au capital nominal de 60 millions et par 17 à 18 millions d'espèces en caisse (1). Il faut y joindre la réserve

(1) Des précautions ingénieuses ont été prises pour mettre en sûreté les fonds déposés dans les caves de la banque de France. On ne descend dans ces caves que par un puits garni d'un escalier en spirale, praticable seulement pour une personne, et dont la porte de fer est fermée de trois clefs. Les espèces, contenues dans des barils rangés dans des caveaux fermés de plusieurs portes, ne peuvent être extraites que par des moyens qui rendent tout pillage impossible. En cas d'alarme, il suffirait de fermer avec de l'argile battue, l'escalier de service, pour en empêcher l'entrée pendant un temps assez long.

fixée à 10 millions par la loi du 17 mai 1834, et la valeur de l'hôtel de la banque, ce qui représente un capital de plus de 80 millions, qui assure largement la circulation de ses billets dont la moyenne, depuis environ dix ans, a été de 213 millions (1).

Ces premières garanties sont complètées par le portefeuille et par les objets reçus en dépôt qui, à eux seuls, couvrent au-delà les valeurs émises. Les conditions exigées pour que le papier soit admis à l'escompte, en garantissent le recouvrement. Nous avons vu que la banque ne reçoit que les effets portant au moins trois signatures notoirement bonnes, ou deux signatures avec des garanties spécifiées. Elle se trouve ainsi à l'abri de tout risque considérable, car il est rare que sur trois signataires avantageusement connus, il n'y en ait pas au moins un de solvable. Au pis aller, en supposant que tous les trois viennent à manquer, on peut espérer que chacune des faillite produira un dividende qui ne sera guère au dessous de 33 pour cent. Enfin la banque n'admet à l'escompte que des effets dont l'échéance n'excède pas trois mois. Cette règle restreint beaucoup ses risques, car il est rare que trois maison assises tombent toutes en faillite dans un aussi court délai. Ce terme de 90 jours cadre d'ailleurs avec celui que l'usage a établi dans le commerce pour le paiement des marchandises livrées. Il en résulte que les effets portés à la banque sont tirés, en masse, pour des valeurs emmagasinées qui offrent des garanties, et non pour des spéculations hasardeuses qui exigent des emprunts à long terme. On voit, d'après ces combinaisons, que la banque ne peut avoir que pour de faibles sommes des effets en souffrance dans son portefeuille, et que l'assurance qu'elle a d'opérer ses rentrées, peut lui permettre de livrer ses fonds à un escompte avantageux pour le commerce et qui n'a pas dépassé depuis long-temps 4 pour cent.

Venons maintenant à la coupure des billets qui procure encore de nouvelles garanties. Les billets émis sont de 1,000 et de 500 francs, parce qu'il importe qu'ils se maintiennent dans les caisses du haut commerce, et qu'ils ne tombent pas en masse dans les mains des porteurs peu aisés et peu éclairés, dont la confiance pourrait être trop facilement alarmée : à l'aide de ces combinaisons, les billets

(1) Les chiffres que nous donnons résultent des documens officiels produits lors de la discussion aux chambres de la loi du 30 juin 1840. Nous les prenons notamment dans le rapport fait par M. Rossi à la chambre des pairs.

émis restent en dehors, et les fonds que la banque garde dans ses caisses suffisent pour pourvoir à toutes les éventualités. L'expérience a démontré que plus de 150 millions de billets demeurent toujours en circulation; la moyenne décennale des billets circulans a été d'environ 182 millions de 1820 à 1830, et de 215 millions de 1830 à 1840. Le *maximum* des billets circulans était de 108 millions en 1808, de 126 millions en 1818, de 214 millions en 1828, et de 228 millions en 1838.

On peut maintenant se faire une idée des immenses services que la banque de France et les banques départementales rendent au commerce. Le petit marchand reçoit à 90 jours de terme les produits qu'il livre aux consommateurs. Le marchand en gros qui lui fait ses fournitures, reçoit son papier et le transmet au fabricant dont il a pris les produits. Du fabricant, ce papier passe par l'escompte, dans les mains des banquiers dont les signatures sont reçues à la banque. Les banquiers l'envoient à l'escompte à la banque, où ils en touchent immédiatement le montant en billets qui ont cours. Par ces opérations, le producteur réalise de suite la valeur de ses produits, qu'il ne peut bien placer qu'à terme, et a toujours en main les sommes nécessaires pour entreprendre sans chômage de nouvelles fabrications. La banque lui procure la disponibilité immédiate de ses capitaux, en mettant dans ses mains, en échange de ses effets à terme, des billets payables à vue qui valent du numéraire. Dans les crises commerciales, lorsque l'argent est rare, l'action de la banque soutient le commerce et réagit jusqu'aux plus petits marchands qui vendent au consommateur.

75. — Nous ne retracerons pas l'organisation administrative de la banque de France; nous nous bornerons à dire que son siége est à Paris, mais qu'elle fonctionne aussi dans les départemens au moyen de ses *comptoirs d'escompte*, qui sont établis par ordonnance royale dans les villes où il peut être utile de les placer (*Loi du* 30 *juin* 1840, *art.* 6).

76. — Les localités qui offrent une importance commerciale majeure, peuvent avoir des *banques départementales* indépendantes de la banque de France et régies par des statuts particuliers. Ces banques ne peuvent actuellement être créées que par une loi (*Ibid.* art. 8) (1).

(1) Il existe actuellement dix banques départementales établies dans les

77. — M. Pardessus pense qu'on pourrait, sous certains rapports, mettre au rang des *banques publiques* et considérer comme des établissemens commerciaux, les maisons de prêt sur nantissement tenues par des particuliers et autorisées par le gouvernement (1). Je ne puis pas partager sur ce point l'opinion de ce savant jurisconsulte. Ces établissemens, connus sous la dénomination de *monts de piété,* ne peuvent être fondés qu'au profit des pauvres, d'après les dispositions de l'art. 1er de la loi du 16 pluviôse an XII, et d'un avis du conseil d'État du 12 juillet 1807. Les bénéfices qu'ils procurent doivent tourner exclusivement au profit des hospices. On doit, dès-lors, les mettre au nombre des établissemens de pure bienfaisance, qui ne peuvent légalement avoir pour objet que de fournir des secours charitables et gratuits aux personnes indigentes, et dont les opérations ne sauraient constituer l'exercice du commerce (2).

78. — Il en est de même des *caisses d'épargne.* Elles versent les sommes qui leur sont confiées dans les caisses du trésor public, qui leur bonifie un intérêt de 4 pour 100 par an, dont elles font compte aux déposans. Les dépenses que nécessite leur administration sont acquittées au moyen des dotations provenant des dons et legs qu'elles sont capables de recevoir, et à défaut de revenus particuliers, au moyen d'une retenue qui ne doit jamais excéder un demi pour cent, et qu'elles peuvent être autorisées à exercer sur l'intérêt de 4 pour 100 que leur sert le trésor. Leurs opérations n'ont donc rien de commercial. Elles n'offrent que l'exécution d'un mandat gratuit, celui de conserver et de faire valoir les sommes déposées dans l'intérêt des déposans seulement, et sans que l'administration de ces sommes puisse devenir une source de bénéfices commerciaux pour les fondateurs de ces établissemens (3).

---

villes que nous allons indiquer, d'après l'ordre que donnent les dates de leur création : *Rouen, Nantes, Bordeaux, Lyon, Marseille, Lille, le Hâvre, Toulouse, Orléans, Dijon.*

(1) T. I, n 31.

(2) ORILLARD, n. 372. — V., sur l'origine des *monts-de-piété,* ADOLPHE BLANQUI, *Histoire de l'économie politique,* t. I, p. 208. — MERLIN, *Répertoire,* v° Mont-de-Piété. — V. l'art. 411 du code pénal, prononçant des peines contre ceux qui tiennent des maisons de prêt sur gage non autorisées.

(3) V. sur *les caisses d'épargne* les lois des 5 juin 1835 et 31 mars 1837. — V. FOUCART, *Élémens du droit public et administratif,* t. III, p. 217.

§. IV.

COMMERCE MARITIME.

SOMMAIRE.

79. *Commerce maritime; texte de l'art.* 633.— A la note, *dispositions du code de commerce hollandais.*

80. *Toute* ENTREPRISE DE CONSTRUCTION NAVALE *constitue un acte de commerce;* aliud *quant à l'ouvrier qui loue son travail au jour, au mois ou à l'année.*

81. *Des* VENTES *et des* REVENTES *volontaires de bâtimens pour la navigation; elles constituent des actes de commerce;* — aliud *des ventes faites en justice; de l'achat et de la vente d'une barque qui ne sert pas à faire le commerce.*

82. EXPÉDITIONS MARITIMES. — *Le simple passager qui ne traite que pour sa traversée ne fait pas acte de commerce.*

83. *Achats et ventes d'*AGRÈS, APPARAUX *et* AVITAILLEMENS. — *Le cultivateur qui vend ses denrées pour l'avitaillemeut d'un navire ne fait pas acte de commerce.*

84. *Dispositions de l'article* 633 *relatives aux* CONTRATS MARITIMES; *renvoi.*

85. *Des engagemens du commerce maritime qui se forment sans convention; renvoi.*

---

79. — L'industrie commerciale spécule sur la valeur qu'elle donne aux marchandises en les transportant dans les lieux où elles peuvent être avantageusement vendues aux consommateurs; c'est ce qui a fait dire à PIERRE VERRI que le commerce n'est, en réalité, que le transport des marchandises d'un lieu à un autre (1). On a aussi exprimé cette même pensée en divisant le commerce en *commerce de terre* et en *commerce de mer*. Toutes les opérations, tous les contrats qui se réfèrent aux spéculations basées sur le transport des produits de la nature et de l'industrie à travers les mers, constituent donc des actes de commerce. Ce principe, consacré par les ordonnances de 1673 et

---

(1) *Meditazzioni sul l' economia politica.*

de 1681, a été reproduit en ces termes par les dispositions de l'art. 633 de notre code de commerce :

« La loi répute pareillement actes de commerce,

« Toute entreprise de construction et tous achats, ventes et reventes de bâtimens pour la navigation intérieure et extérieure;

« Toutes expéditions maritimes;

« Tous achats ou ventes d'agrès, apparaux et avitaillemens;

« Tout affrètement ou nolissement, emprunt ou prêt à la grosse; toutes assurances et autres contrats concernant le commerce de mer;

« Tous accords et conventions pour salaires et loyers d'équipages;

« Tous engagemens de gens de mer pour le service de bâtimens de commerce (1). »

Ces dispositions remarquables par leur précision et par leur clarté se réfèrent, comme on le voit, à la construction et à la propriété des navires, à l'armement des navires et aux contrats maritimes qui font l'objet du livre II du code de commerce. Leur application n'a soulevé qu'un très-petit nombre de dificultés.

80. — Toute *entreprise de construction de bâtimens* est régie par la législation comerciale, soit que l'entrepreneur fournisse à la

---

(1) Le code hollandais a reproduit, en ces termes, ces dispositions dans son art. 4 : « La loi répute pareillement acte de commerce.... ; 4o tout ce qui a rapport à la construction, au radoub et à l'équipement des navires, ainsi qu'à l'achat ou à la vente des bâtimens pour la navigation intérieure ou extérieure ; — 5° toutes les expéditions et tous les transports de marchandises; — 6o tout achat ou toute vente d'agrès, d'apparaux et avitaillement; — 7° les associations d'armateurs, tous louages ou affrètemens de navire, ainsi que les contrats à la grosse et autres contrats relatifs au commerce maritime; — 8o les contrats de louage des capitaines, officiers et gens de l'équipage, ainsi que leurs engagemens pour le service des bâtimens de commerce; — 9o les opérations des facteurs, courtiers et conducteurs de navires, teneurs de livres et autres employés des commerçans, en ce qui concerne le commerce du négociant auquel ils sont attachés; — 10o tous contrats d'assurance. » (Art. 4).

« Les obligations résultant d'abordage, d'assistance ou de sauvetage, en cas de naufrage, échouement ou épaves, de mouillage et d'avaries, sont aussi matières commerciales. » (Art. 5.) — CODE DE COMMERCE DU ROYAUME DE HOLLANDE, promulgué en 1838, *traduction de* M. WINTGENS, *avocat à la haute cour de La Haye, faisant partie de la* Collection des lois des états modernes, *publiée par M.* VICTOR FOUCHER.

fois, la main d'œuvre, les bois et autres objets, soit qu'il ne fournisse que la main d'œuvre. Le louage d'ouvrage constitue, dans ce cas particulier, un acte de commerce à raison de l'objet éminemment commercial auquel il s'applique. Il en serait de même de tout traité passé par l'entrepreneur primitif avec des sous-entrepreneurs pour certaines parties du travail et des fournitures. Ces traités seraient également régis par le droit commercial.

Les mêmes règles ne seraient pas applicables aux engagemens du simple ouvrier qui n'aurait loué son travail dans les chantiers qu'au mois, au jour ou même à l'année. Les conventions qu'il aurait faites avec l'entrepreneur ne sauraient constituer de sa part une entreprise de construction, et n'offriraient qu'un simple louage de services régi par les règles ordinaires. Les contestations auxquelles elles donneraient lieu devraient être portées devant le juge de paix, conformément aux dispositions de l'art. 5, n° 3, de la loi du 25 mai 1838.

81. — La *vente* volontaire et la *revente* d'un bâtiment destiné à la navigation intérieure ou extérieure constitue, aux termes de l'art. 633, un acte de commerce à l'égard de toutes les parties. Celui en effet qui achète un bâtiment pour le faire naviguer, ne s'en rend acquéreur qu'en vue des bénéfices commerciaux qu'il espère obtenir : celui qui vend ce bâtiment est présumé ne l'avoir fait construire ou n'en avoir fait l'acquisition que pour spéculer sur la vente. — Il n'en est pas ainsi des ventes faites en justice. Elles n'offrent qu'un acte judiciaire, et non un fait de commerce. Un avis du conseil d'État en date du 4 janvier 1810, approuvé le 9 du même mois, a fait une juste application des principes et de la lettre de la loi, en décidant que la connaissance des ventes des navires saisis appartient aux tribunaux ordinaires.

Remarquons que l'art. 633 prend en considération la *destination* assignée au navire acheté, en ne mettant au nombre des actes de commerce que les achats, ventes et reventes de bâtimens pour la *navigation intérieure et extérieure*. Il est certain que l'achat d'un petit bâtiment, d'une yole, d'une barque par exemple, fait par un propriétaire pour son usage particulier seulement, ne constituerait pas de sa part un acte de commerce. Il en serait de même de la vente d'un bâtiment que le vendeur n'aurait primitivement acquis ou fait construire que pour le seul service de ses domaines; cette vente ne se rattacherait à son égard à aucune spéculation commerciale ; elle ne pourrait constituer un acte de commerce que de la part de l'acheteur qui destinerait l'objet acheté à l'exercice du commerce maritime.

82. — Toute *expédition maritime* entreprise par un bâtiment marchand est régie sans difficulté par la législation commerciale par rapport à l'armateur, au capitaine, aux gens de l'équipage et à toutes les personnes qui y participent en vue des bénéfices qu'elles espèrent en retirer. Mais on conçoit qu'il ne doit pas en être ainsi à l'égard du simple passager, qui n'a traité que pour son passage et qui ne fait que traverser les mers sur le navire. Il reste étranger aux bénéfices commerciaux qui ont fait l'objet de l'expédition, et nous ne trouvons rien dans la loi qui puisse le soumettre à la juridiction des tribunaux de commerce, si l'armateur a à former contre lui quelque réclamation à raison de sa traversée. Au contraire, l'armateur est, par rapport à lui, entrepreneur de transports, et se trouve à ce titre régi par le droit commercial (632, 633) (1).

83. — La vente de tout ce qui est nécessaire pour armer un navire constitue un acte de commerce, tant par rapport au vendeur que par rapport à l'acheteur. Quelque générales que soient sur ce point les dispositions de l'art. 633, il ne faut cependant pas en conclure que la vente qu'un propriétaire ferait de ses denrées pour avitailler un navire le rendrait justiciable des tribunaux de commerce. Cette vente n'offrirait de sa part rien de commercial et resterait, à son égard, régie par le droit civil conformément aux principes consacrés par l'art. 638, dont les dispositions doivent nécessairement être combinées avec celles qui les précèdent.

Le Code désigne par *avitaillemens* toutes les provisions de bouche destinées à la consommation de l'équipage et des passagers. Les expressions *agrès* et *apparaux* s'appliquent, en général, lorsqu'elles sont réunies, à tout ce qui est nécessaire pour mettre un bâtiment en état de naviguer. On comprend plus particulièrement sous le nom d'*agrès*, les mâts, les vergues, les voiles, les cordages, les poulies ; sous celui d'*apparaux*, les objets plus spécialement destinés à régler la marche du navire, tels que les cabestans, le gouvernail, les ancres, etc.

84. — Les autres dispositions de l'art. 633 se réfèrent aux

---

(1) CARRÉ, de la Compétence, t. VII, p. 251, *Quest.* 519. — ORILLARD, p. 423, n° 464.

contrats commerciaux, dont nous aurons à exposer les règles dans le livre II, en nous occupant spécialement du commerce maritime (286, 311, 332, 221, 250).

85. — Nous examinerons aussi dans le livre IV, en nous occupant de la juridiction commerciale, la question de savoir si les engagemens qui se forment sans convention et qui se rattachent au commerce maritime, donnent lieu à une action qui doive être portée devant le tribunal de commerce.

SECTION II.

DES ACTES CONSIDÉRÉS COMME ACTES DE COMMERCE A RAISON DE LA QUALITÉ DE CEUX DONT ILS ÉMANENT.

SOMMAIRE.

86. *Division de cette section.*

---

86. — Nous avons jusqu'ici parcouru les actes qui constituent par eux-mêmes l'exercice du commerce et ceux qui sont réputés commerciaux lorsqu'il est établi par les circonstances qui les accompagnent, qu'ils se rattachent à des opérations de commerce. Tous les actes que comprend cette première classe sont régis par le droit commercial, indépendamment de la qualité des personnes dont ils émanent (631, 2°).

Maintenant, nous devons nous occuper, en suivant le système de classification adoptée par la loi, des actes qui ne sont réputés commerciaux que par une présomption déduite de la qualité de commerçant que possèdent ceux qui en sont les auteurs (1).

---

(1) Les bases de cette classification reposent sur la règle qui veut que la loi commerciale ne régisse que les faits qui constituent l'exercice du commerce. Or, un acte peut constituer un fait de commerce, 1o par sa propre *nature*, s'il s'agit, par exemple, d'une lettre de change; 2o par le *but* que les parties ou l'une d'elles avaient en vue au moment du contrat, par exemple, s'il s'agit d'un achat fait avec intention de revendre en vue d'un bénéfice à réaliser sur la marchandise achetée; 3o par la *qualité* de l'obligé, par exemple, si celui qui a souscrit un billet à ordre est commerçant.

La loi a placé tous ces actes de commerce dans deux catégories : la pre-

Ces actes sont ceux qui font l'objet de la première disposition de l'art. 631 et de la sixième disposition de l'art. 632 du code de commerce.

Il est enfin des actes que la loi assimile aux actes de commerce afin de faire participer ceux dont ils émanent au crédit commercial en procurant à leurs créanciers les garanties particulières que la législation commerciale a introduites. Ces actes sont énumérés dans la deuxième disposition de l'art. 634 du code de commerce.

D'après ces données, nous devrons diviser cette section en deux paragraphes.

Le premier comprendra les actes réputés commerciaux à raison de la qualité de commerçant que possèdent les obligés.

Le deuxième aura pour objet les engagemens souscrits par les comptables, que la loi a assimilés aux obligations contractées par les commerçans.

§ Ier.

DES ACTES RÉPUTÉS COMMERCIAUX A RAISON DE LA QUALITÉ DE COMMERÇANT QUE POSSÈDENT LES OBLIGÉS.

SOMMAIRE.

87. *Principe général : tout engagement émanant d'un commerçant est réputé commercial jusqu'à preuve contraire.*
88. *Ce principe a été mal formulé dans la loi. — Observations sur la rédaction des art.* 631 *et* 632.
89. *La présomption qui fait réputer commerciaux les engagemens des commerçans, doit céder à la preuve du contraire. — Cette preuve peut résulter de la nature même de l'acte.*
90. *Elle peut résulter des énonciations qu'il contient.*
91. *Du billet souscrit par un commerçant, sans énonciation de la cause pour laquelle il a été consenti. — Le souscripteur ne peut décli-*

---

mière comprend ceux qui sont commerciaux *entre toutes personnes*, par leur nature ou par le but que les parties ont eu en vue en contractant ; la seconde comprend ceux qui ne sont commerciaux que *par la qualité de commerçant* que possède l'obligé.

ner la juridiction commerciale qu'en établissant qu'il n'a pas pour cause un fait de commerce.

92. *L'obligation consentie par un commerçant en faveur d'un non commerçant constitue un acte de commerce. — Observation sur la rédaction des art.* 631 *et* 632.

93. *Observation sur la rédaction de l'art.* 638. — *L'expression* BILLET *n'est pas limitative. — L'obligation contractée par un commerçant par* ACTE PUBLIC, *est présumée commerciale.*

94. *Du prêt* VERBAL. — *Il engage commercialement le commerçant.*

95. *Du prêt consenti par un commerçant, à un non commerçant. Il peut constituer, de la part du commerçant, un acte de commerce.*

96. *Une créance civile peut devenir commerciale, lorsqu'elle est portée sur un compte courant.*

97. *Des billets consentis par un particulier non commerçant. — Le droit civil leur est applicable, tant qu'il n'est pas prouvé qu'ils ont pour cause un fait de commerce.— Dispositions des art.* 636 *et* 637 *du code de commerce.*

98. *Du billet souscrit par un non commerçant sous la forme d'une simple promesse. Il est régi par le droit commercial, lorsque les énonciations qu'il contient, constatent qu'il a pour cause un fait de commerce.*

99. *Il en est de même du billet qui n'énonce pas la cause de l'engagement. C'est au créancier qui a nanti un tribunal de commerce à prouver, dans ce cas, que l'obligation a pour cause une opération de commerce.*

100. *Du billet dans lequel une cause commerciale a été faussement énoncée. — Le débiteur est recevable à établir, contre la teneur de l'acte, la simulation frauduleuse, pour obtenir son renvoi devant la juridiction civile.*

101. *Des facteurs, commis et serviteurs des marchands. — Leurs engagemens personnels consentis pour le fait du trafic de leurs patrons, sont régis par le droit commercial. — Dispositions de l'art.* 634, § 1er.

---

87. — Nous verrons dans le chapitre suivant comment les faits de commerce attribuent la qualité de commerçant à ceux qui font leur profession habituelle de l'exercice de ces faits. Nous supposerons dans ce moment que cette qualité est acquise, pour continuer de nous occuper des actes régis par le droit commercial, en suivant l'ordre qui nous est tracé par la loi.

Tous les détails d'application dans lesquels nous devrons entrer s'induiront d'une règle générale qui peut être ainsi formulée : *Tous engagemens émanant de ceux qui possèdent la qualité de commerçant sont réputés, par une présomption de la loi* (*C. civ.* 1349), *avoir pour objet l'exercice du commerce auquel ils se livrent, à moins que le contraire ne résulte de la nature même de l'acte, des énonciations qu'il contient, ou des circonstances qui l'ont accompagné* (631, 1°—632—638). Il est, en effet, rationnel de présumer que les obligations contractées journellement par un commerçant se rattachent plutôt à son commerce qu'aux actes peu nombreux de la vie civile qui ne sont pas afférens à l'exercice de sa profession habituelle.

88. — Ce principe si simple a cependant été mal formulé dans notre code de commerce. L'art. 631 commence par déclarer que les tribunaux de commerce sont appelés à connaître « de toutes contestations relatives aux *engagemens* et *transactions* entre négocians, marchands et banquiers. » Ensuite, par une exubérance de dispositions qui ne fait que déparer la rédaction de la loi, on a encore répété la même règle dans l'art. 632, qui répute actes de commerce « *toutes obligations* entre négocians, marchands et banquiers. »

La reproduction inutile d'une même règle dans deux dispositions différentes serait sans importance pour la pratique et mériterait à peine d'être signalée, si le langage de la loi se trouvait d'ailleurs empreint de netteté et d'exactitude. Mais il n'en est pas ainsi, et la rédaction des art. 631 et 632 mènerait au renversement de tous les principes, si la lettre de la loi ne cédait rien à son esprit.

Il résulterait en effet des expressions trop générales de ces textes, que tout engagement quelconque intervenu entre des commerçans, se trouverait régi par le droit commercial par la seule considération de la qualité de ceux entre lesquels il serait intervenu. Cependant la pensée du législateur ne saurait être telle, car les commerçans sont régis par la loi civile comme les autres personnes pour tout ce qui est étranger à leur commerce. « Le commerçant est membre de la cité qu'il habite, dit M. Orillard (1), il appartient à une famille. Dans tout homme adonné aux habitudes mercantiles, il faut donc distinguer le citoyen et le *chef de*

(1) *De la Compétence des tribunaux de commerce*, p. 174, n. 185.

famille du *commerçant.* Les obligations du citoyen, du fils, de l'époux et du père sont des actes purement civils. Les obligations du commerçant sont seules des actes de commerce. » Il est, en effet, évident qu'un partage de succession intervenu entre des négocians, qui constituerait l'un d'eux débiteur envers l'autre, resterait soumis aux règles du droit civil et ne pourrait donner lieu à aucune action de la compétence des tribunaux de commerce. Il faut donc rectifier le langage trop absolu et inexact de la loi en se pénétrant de son esprit. Le législateur n'a entendu consacrer, par les art. 631 et 632 que les conséquences d'une simple présomption qui doit s'effacer devant les preuves contraires (C. civ. 1352). C'est même ce qu'on peut induire de l'art. 638 du code de commerce qui pose en principe que « les billets souscrits par un commerçant seront *censés* faits pour son commerce... *lorsqu'une autre cause n'y sera point énoncée.* »

89. — La preuve établissant qu'une transaction entre commerçans ne se rattache pas à l'exercice de *leur commerce*, peut résulter, soit de la nature même de l'acte, soit des énonciations qu'il contient, soit des circonstances qui l'ont accompagné.

La nature de l'acte ne laissera, dans beaucoup de cas, que peu de doute. C'est en recherchant la cause de l'engagement et en examinant ce qui en fait l'objet qu'on pourra apprécier s'il se rattache à une spéculation commerciale ou s'il n'établit entre les parties que des rapports purement civils. Ainsi, par exemple, le bail à loyer d'une maison consenti par un commerçant à un autre commerçant, même pour y établir ses magasins, n'offre qu'un traité sur la jouissance d'un immeuble que la législation commerciale ne saurait régir, à raison de la nature de la chose qui fait la matière du traité (1).

90. — L'énonciation dans l'acte de la cause de l'obligation peut encore faire fléchir la présomption établie par la loi. L'article 638 s'exprime sur ce point, comme nous venons de le voir, d'une manière expresse, et peut en même temps fournir un exemple de l'application de cette règle. Supposons qu'un négociant ait acheté à un autre négociant des denrées provenant de ses domaines pour sa propre consommation. Un pareil achat et

---

(1) Pardessus, t. I, n. 52. — La cour de Caen a jugé, le 24 mai 1826, que la location d'une loge par un marchand à un autre marchand, pour la durée d'une foire, n'est point un acte de commerce (Dalloz, XXVII-2-83).

une pareille vente ne sauraient constituer un acte de commerce. Le négociant qui vend ses récoltes se borne à exploiter ses immeubles ; le négociant qui achète des fruits pour sa consommation ne fait en cela aucune spéculation commerciale. Si l'acheteur souscrit pour le paiement de ces denrées un billet qui énonce la cause pour laquelle il a été consenti, ce billet constatera bien une obligation entre commerçans, mais il ne sera pas régi par la loi commerciale, et il ne pourra donner lieu qu'à une action civile.

91. — Le billet souscrit par un commerçant qui n'exprime pas la cause pour laquelle il a été consenti, n'en est pas moins valable (C. civ. 1132). C'est particulièrement à ce cas que s'applique l'art. 638, et ce billet sera présumé souscrit pour les besoins du commerce de celui dont il émane. Mais, dans ce cas, cette présomption basée, sur une simple probabilité, sera susceptible d'être détruite par la preuve du contraire. Son effet sera de dispenser le porteur du billet qui a cité le souscripteur devant le tribunal de commerce, de prouver que l'engagement a une cause commerciale (1352 C. civ.), mais la preuve du contraire pourra être établie par le défendeur qui décline la juridiction commerciale, soit par témoins (C. civ. 1341.—C. comm. 109), soit même par de simples présomptions basées sur des faits d'hors et déjà constans (C. civ. 1353), et dont on doive induire que l'engagement est étranger au commerce (1), soit par l'aveu de la partie (C. civ. 1354), soit par le serment (C. civ. 1357) : hors des cas particuliers dans lesquels la loi annulle les actes ou dénie l'action en justice, toute présomption ne se maintient que jusqu'à la preuve du contraire et doit toujours céder à la manifestation de la vérité (C. civ. 1352).

92. — Les art. 631 et 632 soumettent à la législation commerciale *les engagemens* ENTRE *négocians, marchands et banquiers.* Ces expressions sembleraient exclure l'engagement consenti par un particulier non commerçant en faveur d'un commerçant et le laisser sous l'empire du droit civil. Cependant il n'en est pas ainsi (2) ;

---

(1) Cour de Bruxelles, 5 mars 1823 ; *id.*, de Bordeaux, 19 avril 1836 ; Cour de cassation, 2 janvier 1836 (SIREY, XXV-2-374 —XXXVI-2-421, et 1-694).

(2) « L'art. 632, dit M. BRAVARD-VEYRIÈRES, répute actes de commerce *tous engagemens et transactions entre négocians, marchands ou banquiers.* Mais

le commerçant qui contracte à raison de son commerce avec un non commerçant s'engage commercialement et est régi, quant à son engagement, par le droit commercial. L'art. 638 le suppose, puisqu'il consacre en principe d'une manière générale, que les *billets souscrits par un commerçant* sont censés faits pour son commerce. Les art. 636 et 637 viennent encore manifester que la pensée du législateur ne s'est pas écartée des principes, puisqu'ils veulent que les commerçans soient justiciables des tribunaux de commerce et passibles de la contrainte par corps, à raison des signatures qu'ils ont apposées sur des lettres de change réputées imparfaites, ou sur de simples billets à ordre, sans exiger que ces effets aient été consentis à des personnes qui fassent le commerce. Il faut donc reconnaître que tout commerçant qui emprunte des fonds est présumé, jusqu'à preuve du contraire, faire cet emprunt pour son commerce, quelle que soit la qualité du prêteur envers lequel il s'engage (1).

93. — Les dispositions de l'art. 638 ont encore donné lieu à des difficultés. Comme elles ne s'expliquent qu'à l'égard des *billets*, on a demandé si elles étaient également applicables à l'obligation consentie par acte public, avec ou sans affectation hypothécaire des biens appartenant au commerçant qui s'est constitué débiteur. La question a été soumise à la Cour de cassation, le 6 juillet 1836, dans une espèce où il s'agissait d'une somme de 195,000 francs, à l'occasion de laquelle un intérêt de 6 p. 100 avait été stipulé et perçu. On prétendit, dans la suite, que cette créance hypothécaire ne pouvait pas être considérée comme commerciale, et que l'intérêt devait être réduit à 5 pour 100. La Cour de cassation décida que les termes de l'art. 638 portant que *les* BILLETS *souscrits par un commerçant* sont censés *faits pour son commerce* sont *déclaratifs* et non *limitatifs*, et que la règle posée par cet article s'applique à toutes les obligations contractées par

---

pour entrer dans l'esprit de cet article dont la rédaction est peu exacte, il faut traduire *entre* par *de la part de :* car évidemment la qualité du créancier ne peut influer sur le caractère de l'acte ; et par les mots *négocians, marchands ou banquiers,* il faut entendre *agissant en qualité de négocians, marchands ou banquiers*, car les obligations des commerçans ne sont des actes de commerce qu'autant qu'elles sont contractées pour des causes relatives à leur commerce » (*Manuel de droit commercial,* p. 915).

(1) HORSON, *Questions sur le code de commerce*, t. II, p. 478, *quest.* 213.

un commerçant, quelle que soit la forme de l'acte qui les constate. Elle rejeta, en conséquence, le pourvoi dirigé contre l'arrêt de la cour de Bordeaux, qui avait consacré ce principe et qui avait refusé la réduction des intérêts au taux de 5 pour 100 (1). Les cours de Douai et de Paris avaient déjà rendu des décisions semblables, la première le 27 février 1825, et la seconde le 6 août 1829 (2).

94. — C'est encore en reconnaissant que les dispositions de l'art. 638 ne sont pas limitatives, qu'il a été décidé par les tribunaux qu'un *prêt verbal* fait à un commerçant sans écrit était censé consenti pour les besoins de son commerce, et donnait lieu à une action dont la juridiction commerciale devait être nantie (3). La preuve de l'existence d'un prêt semblable peut être admise par toutes les voies autorisées en matière commerciale, même par témoins (1341 C. civ., 109 C. comm.), sauf à renvoyer les parties devant la juridiction civile, s'il venait à être démontré que le prêt n'eût pas pour objet le commerce du défendeur (4).

Toutes ces décisions font une juste application des principes. C'est la cause commerciale ou civile de l'engagement qui détermine la législation par laquelle il doit être régi, la forme dans laquelle il est constaté ne saurait en modifier la nature.

95. — Nous avons jusqu'à présent parlé de l'engagement consenti par un commerçant en faveur d'un autre commerçant, et de l'engagement consenti par un commerçant en faveur d'un non commerçant, il nous reste à examiner l'engagement consenti par un particulier non commerçant en faveur d'un commerçant. Il est certain que le particulier non commerçant sera présumé n'avoir emprunté que pour ses besoins ordinaires, et ne sera régi, quant à son emprunt, que par le droit civil; mais en sera-t-il autrement à l'égard du commerçant? Le prêt qu'il consent devra-t-il être considéré, par rapport à lui, comme un acte de commerce? La loi est encore muette sur ce cas, et dès-lors la solution qui lui est applicable doit être puisée dans les principes généraux qu'elle a

(1) Sirey, XXXVI-1-694.

(2) Sirey, XXVI-2-150; — XXIX-2-316.

(3) Cour de Douai, 27 février 1825; *id.*, de Bourges, 29 mai 1834 (Sirey, XXVI-2-150; — XXXV-2-147). — Orillard, p. 198 et 218. — Cn Carré, *Lois de la compét.*, t. VII, n. 531.

(1) Cour de Rennes, 2 juillet 1838 (Sirey, XXXIX-2-340).

entendu consacrer. Tout commerçant fait des spéculations commerciales à l'aide de ses capitaux. Les prêts qu'il consent sont censés se rattacher à ses opérations de banque, à moins qu'il ne soit établi que le capital prêté se trouvait en dehors des fonds qu'il consacrait à son commerce. Hors ce cas exceptionnel, le prêt sera réputé commercial de la part du commerçant qui pourra être actionné devant le tribunal de commerce par l'emprunteur qui se trouverait avoir quelque réclamation à lui adresser en justice. C'est ainsi que la Cour de cassation a décidé, le 11 février 1834, que la demande en annulation pour dol et fraude de deux actes notariés, constatant un prêt hypothécaire consenti par un banquier et intentée contre le cessionnaire de ce banquier, avait dû être portée devant le tribunal de commerce (1).

96. — Il arrive fréquemment que deux commerçans font entrer dans leur compte courant des sommes dues pour causes étrangères à leur commerce. On doit alors se demander si ces créances prendront par là le caractère commercial propre à ce qui fait l'objet du compte dans lequel elles se trouveront comprises. Supposons qu'un commerçant ait consenti bail à loyer d'un immeuble à un autre commerçant et l'ait débité dans un compte courant du montant des loyers à chaque échéance. Le solde du compte courant en faveur du bailleur, qui a pour élément le prix de la location, pourra-t-il être réclamé devant la juridiction commerciale? On conçoit que la décision à porter doit dépendre de l'application des principes en matière de novation. S'il y a eu substitution d'une nouvelle dette commerciale à l'ancienne dette civile (1271 C. civ.), nul doute que la juridiction commerciale ne soit compétente. Si le créancier, au contraire, n'a fait que porter en ligne de compte

---

(1) Sirey, XXXV-1-475.

On se demande si un pareil prêt peut donner lieu à la perception d'un intérêt de 6 pour 100 au lieu de 5, par cela seul qu'il constitue un acte de commerce de la part du prêteur? Je ne le pense pas. La loi du 3 septembre 1807 permet bien de percevoir un intérêt de 6 pour 100 *en matière commerciale*; mais c'est évidemment en considérant la nature de l'engagement par rapport à l'emprunteur qu'on doit décider s'il est régi par le droit civil ou par le droit commercial, quant à la fixation du taux de l'intérêt.

Celui qui n'est pas obligé commercialement ne peut devoir des intérêts, soit conventionnels, soit moratoires, qu'au taux de 5 pour 100. Peu importe que le contrat soit commercial par rapport au créancier : cette circonstance n'influe en rien sur la nature et l'étendue des obligations du débiteur.

ce qui lui était dû, la dette reste la même et ne pourra produire qu'une action civile. Or, d'après les usages du commerce, les parties qui sont en compte courant sont considérées comme se faisant des prêts réciproques de ce que chacune d'elles a à porter au débit de l'autre. Le bailleur auquel sont dus des arrérages est censé prêter à son locataire, pour l'usage de son commerce, la somme qu'il pourrait exiger, dès qu'il l'en débite sur son compte. Il constate par là qu'il convertit ce qu'il aurait dû recevoir en un article de crédit qui constitue une nouvelle créance en représentation de l'ancienne. Le locataire qui verse dans sa propre caisse les fonds qu'il aurait dû remettre à son bailleur et qui l'en crédite, est censé se charger de ces sommes à titre de prêt commercial. Il faut donc reconnaître que l'entrée d'une créance dans un compte courant opère novation et change la nature des rapports que la dette primitive établissait entre les parties.

Cependant, comme la novation ne peut s'opérer que par la volonté du créancier et du débiteur (C. civ. 1271) et ne doit pas se présumer (C. civ. 1273), je crois qu'il est nécessaire que les écritures respectives des parties ou leur correspondance attestent qu'elles ont eu la volonté de se mettre en compte courant et de convertir ainsi leurs obligations civiles en des dettes commerciales. On conçoit que les livres et la correspondance pourront, le plus souvent éclairer les juges sur ce point de fait.

97. — Nous venons de voir que tout billet consenti par un commerçant est présumé constituer un fait de commerce jusqu'à preuve du contraire. Nous devons maintenant compléter ce que nous avons eu à dire sur cette matière, en nous occupant du cas inverse. Posons d'abord pour principe que toute obligation, tout billet émanant d'un non commerçant est considéré comme un engagement ordinaire régi par la loi civile, à moins qu'il ne soit établi que l'engagement qu'il constate a pour cause un fait de commerce. En matière d'obligations contractées par des commerçans, le droit commercial est le droit commun à raison de la qualité des obligés; en matière d'obligations consenties par des particuliers non commerçans, le droit civil est le droit commun, et le droit commercial ne vient que comme droit exceptionnel.

Ces principes nous rendent raison des dispositions des art. 636 et 637 du code de commerce, relatives aux billets à ordre et aux lettres de change imparfaites. La loi n'a pas voulu considérer le billet à ordre comme un engagement commercial par sa seule nature; elle n'a dû dès-lors le mettre au nombre des actes de commerce qu'autant qu'il émanerait d'un commerçant, ou qu'il aurait été consenti par un particulier pour un fait de commerce (636).

Il en est de même des lettres de change qui ne réunissent pas les conditions prescrites par la loi pour valoir comme engagemens commerciaux, et qui sont considérées comme de *simples promesses* (112, 113). Elles sont régies par le droit civil, si elles émanent d'individus non commerçans, à moins qu'il ne soit établi qu'elles aient été consenties pour une opération commerciale (636).

98. — Ces mêmes règles seraient applicables aux simples billets souscrits par des non commerçans sous une forme autre que celle du billet à ordre ou de la lettre de change imparfaite. Ceux qui auraient consenti ces obligations seraient soumis à la loi commerciale si la cause commerciale del'engagement était établie par la teneur de l'écrit. Il en serait ainsi, par exemple, du billet souscrit par un particulier pour prix de fournitures faites pour une construction qu'il aurait entreprise, sans faire des spéculations de cette nature sa profession habituelle. Une seule entreprise ne serait pas suffisante pour lui attribuer la qualité de commerçant; et cependant, les engagemens qu'il consentirait seraient susceptibles de produire un intérêt de 6 pour 100, le soumettraient à la juridiction commerciale et le rendraient passible de la contrainte par corps.

99. — Le billet qui n'exprime pas la cause de l'engagement n'en est pas moins valable (1132). Dans ce cas, ce sera au créancier qui actionnera le souscripteur non commerçant devant le tribunal de commerce à justifier par tous les genres de preuves admis en justice, que la promesse en vertu de laquelle il réclame condamnation lui a été consentie à l'occasion d'une opération de commerce.

100.— Il peut arriver qu'un billet qui émane d'un individu non commerçant énonce qu'il a été consenti à l'occasion d'une opération commerciale, quoiqu'il n'ait pour cause réelle qu'une transaction civile. Ce billet ne sera pas nul dès qu'il a une cause valable autre que celle énoncée. On peut cependant demander si celui qui l'a consenti et qui est cité devant le tribunal de commerce, pourrait être admis à établir la fausseté de la cause, afin d'être renvoyé devant les tribunaux civils.

On peut dire qu'un titre fait foi entre les parties de ce qui y est exprimé (1320 C. civ.), et que nul ne peut être admis à faire une preuve contraire aux faits qu'il a lui-même constatés dans son propre écrit (1341 C. civ.). Cependant nous ne pensons pas que cette objection soit en pareil cas fondée. Celui qui aurait ainsi faussement assigné une cause commerciale à un engagement civil se serait soumis à la contrainte par corps, et aurait en cela enfreint les prohibitions si énergiques de l'art. 2063 du code civil ; de plus le créancier qui se présenterait devant le tribunal de commerce pour demander condamnation en vertu de cet engagement, se trouverait réclamer des intérêts moratoires au taux de 6 pour 100, qui deviendrait usuraire dès que l'obligation ne devrait être régie que par le droit civil. L'offre en preuve du débiteur aurait donc pour objet d'établir une double fraude à la loi, et la preuve de la fraude est, dans ce cas, admissible comme dans celui où elle a été pratiquée envers les personnes (1353 C. civ.). La simulation dont un acte est entaché peut être établie par la partie qui y a figuré lorsqu'elle a eu pour objet de dissimuler une cause illicite, car cette simulation devient alors frauduleuse. La Cour de cassation a décidé par deux arrêts solennels, qu'on ne peut, dans ce cas, opposer au souscripteur de l'acte comme fin de non-recevoir, qu'il a lui-même participé à la fraude dont il se plaint (1). Si on n'appliquait pas ces principes à l'espèce que nous avons posée, le débiteur qui s'engage par un simple billet pourrait, par l'énonciation d'une fausse cause, se soumettre indirectement à la contrainte par corps et au paiement d'un intérêt excédant le taux fixé en matière civile, contrairement aux prohibitions de la loi.

101.—Les *facteurs*, les *commis* des marchands et leurs *serviteurs* ne sont pas commerçans (2). Cependant, les obligations qu'ils

---

(1) Le premier de ces arrêts a été rendu chambres réunies, sur les conclusions conformes de M. le procureur-général Dupin, le 7 mai 1836. Le second est à la date du 11 juin 1838 (Sirey, XXXVI-1-574;—XXXVIII-1-492).—V. aussi un arrêt de la cour d'Agen, du 19 décembre 1836, qui décide que le souscripteur d'une lettre de change peut opposer l'exception de supposition de lieu qui la fait dégénérer en simple promesse, parce que l'intérêt public ne permet pas qu'on se soumette par des voies indirectes à la contrainte par corps en matière civile (Sirey, XXXVII-2-244).

(2) V. *infrà*, au tit. V, quels sont ceux qui sont considérés comme *facteurs*, *commis* et *serviteurs* des marchands.

contractent personnellement pour le fait seulement du trafic du marchand auquel ils sont attachés, sont régies par le droit commercial et les rendent justiciables des tribunaux de commerce (634, 5°). C'est une application du principe qui veut que les engagemens contractés par un particulier à l'occasion d'un acte de commerce soient régies par la législation commerciale. Nous pouvons donner pour exemple le cas où un commis aurait endossé un billet à ordre, souscrit par la maison à laquelle il est attaché. Sa signature le rendrait passible de la contrainte par corps quoiqu'il ne fût pas commerçant, parce que son engagement se rattacherait à un acte de commerce. Nous reviendrons, en nous occupant de la compétence des tribunaux de commerce, dans le livre IV, sur les dispositions de l'art. 634, qui n'ont pas toujours été entendues comme elles doivent l'être.

§ II.

DES BILLETS FAITS PAR LES COMPTABLES DE DENIERS PUBLICS ASSIMILÉS AUX OBLIGATIONS DES COMMERÇANS.

SOMMAIRE.

102. *Quels sont ceux qui sont réputés* COMPTABLES.
103. *Dispositions de l'art.* 634, § 2.
104. *Son objet.*
105. *Dispositions de l'art.* 638.
106. *Les seuls* BILLETS *commerçables des comptables sont régis par le droit commercial.*
107. L'ENDOSSEMENT *apposé par un comptable sur un billet à ordre créé par un tiers, le soumettrait à la juridiction commerciale.*

---

102. — On donne en général la qualification de comptables à tous ceux qui ont géré les deniers d'autrui et qui doivent compte de leur gestion. On appelle *comptables publics*, ceux qui font partie des administrations publiques, et auxquels est confié un maniement de deniers dont ils doivent rendre compte.

103. — Une déclaration du roi du 16 février 1692 avait rendu applicables aux comptables de deniers royaux les dispositions de l'art. 1er du titre VII de l'ordonnance de 1673, qui autorisaient la contrainte par corps, en matière d'effets de commerce et de billets souscrits par les commerçans (1). La section de législation du conseil d'État introduisit une disposition semblable dans le projet du code de commerce, en soumettant les comptables de deniers publics à la juridiction des tribunaux de commerce. Plus tard la section de l'intérieur présenta la rédaction qui a passé dans l'art. 634 du code, portant que les tribunaux de commerce connaîtront « des billets faits par les receveurs, payeurs, per- « cepteurs et autres comptables de deniers publics (2). »

104. — On voit que cette disposition n'a été introduite dans le code que pour faire participer les comptables qui souscrivent des engagemens personnels pour leur service, au crédit commercial en les rendant passibles de la contrainte par corps et en accordant aux porteurs de leurs billets les avantages qu'offrent les formes simples et rapides de la juridiction commerciale.

105. — Les comptables de deniers publics sont donc simplement *assimilés* aux commerçans par rapport aux *billets* qu'ils souscrivent (3). Leurs billets « seront censés faits pour leur gestion, « lorsqu'une autre cause n'y sera point énoncée (638). »

106. — Ces dispositions sont exorbitantes du droit, et leur application doit dès-lors être strictement renfermée dans les termes de la loi. En partant de ce point de vue, nous sommes amenés à penser qu'un comptable ne serait pas justiciable des tribunaux de commerce, à raison de ses engagemens verbaux et des obligations qu'il aurait contractées sous une forme autre que celle des billets susceptibles d'être cédés dans le commerce. L'art. 634 n'attribue à la juridiction commerciale que la connaissance des demandes fondées sur les *billets* des comptables, et on ne désigne, en général, dans le droit commercial sous le nom de billets que les valeurs susceptibles d'être négociées. Si on consulte d'ailleurs l'esprit de la loi, on voit que le législateur n'a pas voulu soumettre à la contrainte par corps les particuliers non

(1) Les termes de cette déclaration sont rapportés par JOUSSE, sur l'art. 1er, t. VII, de l'ordonn. de 1673, note 9.

(2-3) N'étant pas réputés commerçans, ils ne peuvent pas être déclarés en faillite s'ils cessent leurs paiemens. BOULAY-PATY, *des Faillites et Banqueroutes*, t. I, n. 14.

commerçans, à raison de leurs simples billets commerçables (636), mais qu'il a, en même temps, introduit une exception toute rationnelle à cette règle, à l'égard des comptables qu'il convenait de faire participer au crédit commercial. La discussion au conseil d'État rend d'ailleurs raison de la rédaction limitative de l'art. 634, en attestant que la connaissance des billets faits par les fonctionnaires chargés du recouvrement des deniers publics a été attribuée aux tribunaux de commerce *parce que ces billets sont des effets mis en circulation* (1). Ce que nous disons n'est nullement en contradiction avec l'opinion que nous avons émise par rapport aux obligations contractées verbalement par les commerçans, ou sous une forme autre que celle des simples billets, lorsque nous nous sommes occupés des dispositions de l'art. 638. Le droit commercial est pour les commerçans le droit commun, et les dispositions des art. 631 et 632 embrassent d'une manière générale tous leurs engagemens.

107. — On a agité la question de savoir si le simple endossement apposé par un comptable sur un billet à ordre pouvait le rendre justiciable du tribunal de commerce. Un arrêt de la cour de Colmar, du 23 août 1814, faisant une stricte application de l'expression *billet* dont le législateur s'est servi dans l'art. 634, décide que le comptable n'est soumis à la juridiction commerciale qu'autant qu'il est confectionnaire du billet ou débiteur primitif (2). Nous pensons cependant avec M. Vincens (3), que cette décision est plus conforme à la lettre qu'à l'esprit de la loi. « Quand un receveur négocie sa signature, dit avec raison cet auteur, pour se faire des fonds en usant des ressources du commerce, peu importe qu'il fasse circuler le billet qu'il créé ou celui qu'il endosse. » Aussi la question, ayant été soumise à la cour de Poitiers le 24 janvier 1832, a reçu une solution conforme à ces principes. Son arrêt a justement décidé que les dispositions de l'art. 634 s'appliquent à tous les comptables qui, par une voie quelconque, transmettent à un tiers un billet à ordre revêtu

---

(1) Ces expressions sont de M. Bigot-Préameneu (Locré, *Législat.*, t. XX, p. 98). — On peut invoquer, à l'appui de cette opinion, MM. Pardessus, t. I, n. 54, — Dalloz, *Recueil alph.*, t. II, p. 712. — Despréaux, n 561. — M. Orillard adopte une opinion contraire, p. 443, n. 484.

(2) Sirey, XVI-2-109.

(3) T. I, p. 139.

de leur signature, et que décider autrement serait procurer les moyens d'éluder la sévérité de cet article (1).

CHAPITRE II.

Des commerçans.

SOMMAIRE.

108. *Importance de la classification des personnes en commerçantes et non commerçantes.*

109. *Division de ce chapitre en* 3 *sections.*

---

108. — Nous venons de voir que la qualité de commerçant fait réputer commerciaux les engagemens de ceux qui en sont investis : il est dès-lors nécessaire de déterminer comment s'acquiert cette qualité qui modifie la position juridique des personnes. Quelques courtes indications suffiront pour démontrer combien il importe de distinguer les commerçans de ceux auxquels la loi n'attribue pas cette qualité.

Le commerçant peut se trouver comptable à l'égard de ses créanciers et à l'égard de la société. La loi l'astreint à constater toutes ses opérations par des écritures, afin qu'il puisse en rendre compte dans les cas qu'elle prévoit. Ses droits peuvent péricliter s'il ne tient pas des écritures régulières (13, 17). S'il tombe en faillite et si la tenue de ses livres n'est pas conforme à la loi, il peut encourir des peines correctionnelles (586, 6°); s'il soustrait ses écritures, il encourt la peine des travaux forcés (591 C. comm., 402 C. pén.).

Les conventions matrimoniales des commerçans doivent être rendues publiques (67 et suiv.); les droits de leurs femmes ne sont pas les mêmes à l'égard de leurs créanciers que ceux des femmes des non commerçans (557 C. comm.).

Si le non commerçant est hors d'état de payer des dettes emportant contrainte par corps, la loi vient à son secours : elle lui permet de faire en justice l'abandon de ses biens à ses créanciers

---

(1) SIREY, XXXII-2-320, ORILLARD, p. 445, n. 485.

pour obtenir la liberté de sa personne (1268 C. civ.). Le commerçant est privé de ce bénéfice (541). Dès qu'il cesse ses paiemens, il doit être déclaré en faillite, et il est dessaisi de l'administration de ses biens (437, 443). Sa conduite et les opérations auxquelles il s'est livré deviennent l'objet d'un sévère examen (482). S'il a compromis les intérêts de ses créanciers par des imprudences, la loi lui inflige des peines correctionnelles (584); s'il est coupable de fraude, elle prononce contre lui des peines afflictives et infamantes (591 C. comm., 402 C. pén.); s'il n'y a ni imprudence ni fraude à lui imputer, et si la majorité de ses créanciers ne consent pas à s'accorder avec lui, la loi fait vendre ses biens (572) et ne l'affranchit de la contrainte par corps qu'autant qu'il est déclaré excusable (539).

D'un autre côté, la loi accorde aux commerçans des droits qu'elle refuse aux simples particuliers. La femme marchande peut s'engager pour son commerce et aliéner ses immeubles sans l'autorisation de son mari ou de la justice (5 C. comm., 220 C. civ.). Le mineur qui a complété sa dix-huitième année et qui réunit les conditions exigées par la loi, est réputé majeur quant aux actes qui se réfèrent à l'exercice du commerce (2 et 6 C. comm., 487 C. civ.). Le commerçant porté sur la liste des notables concourt à l'élection de ses juges et peut être élu membre du tribunal de commerce, s'il réunit les conditions exigées par la loi (618, 620). Il peut devenir apte à faire partie des chambres de commerce, des chambres consultatives des manufactures, du conseil général du commerce, du conseil général des manufactures (1).

109.—On voit par ces indications, qui pourraient encore porter sur d'autres points, combien il importe de déterminer quelles sont les personnes que la loi range dans la classe des commerçans: pour embrasser dans des cadres méthodiques tout ce qui se réfère à ce point important, nous diviserons ce chapitre en trois sections:

La première sera consacrée à rechercher quels sont ceux que la loi a entendu qualifier de commerçans;

Dans la seconde nous verrons quels sont ceux qui ont la capacité requise pour faire des actes de commerce et pour acquérir la qualité de commerçans;

---

(1) V. sur ces chambres et ces conseils, ce que nous en disons *suprà*, n° 2, à la note, p. 8.

Dans la troisième, nous examinerons quels sont ceux auxquels l'exercice du commerce est interdit.

SECTION Ire.

QUELS SONT CEUX AUXQUELS LA LOI ATTRIBUE LA QUALITÉ DE COMMERÇANS.

SOMMAIRE.

110. *Anciennes corporations. — Conséquences du principe du libre exercice du commerce.*

111. *Dispositions de l'art.* 1er *du code. — Étendue de l'expression* commerçant.

112. *De l'*artisan. — *Lettre du grand-juge qui consacre en principe qu'on ne doit pas le confondre avec le* commerçant.

113. *Exemples : — Le* meunier *n'est pas commerçant.*

114. *Le* tailleur *qui reçoit les étoffes de ses pratiques n'est pas commerçant.*

115. *Le* cordonnier *qui travaille* à mesure que des *commandes lui sont faites n'est pas commerçant.*

116. *Il fait cependant acte de commerce lorsqu'il achète des cuirs pour en confectionner des chaussures.*

117. Aliud, *du tailleur, du cordonnier, qui font confectionner pour exposer en vente dans des magasins.*

118. *Observation générale.*

119. *Deux conditions requises pour l'acquisition de la qualité de* commerçant.

120. 1re *condition : —* Exercer des actes de commerce.

121. 2me *condition : —* Faire de l'exercice de ces actes sa profession habituelle. — *Les personnes sont divisées par le droit commercial en deux classes. — La* 1re *comprend les* non commerçans *qui ne sont soumis qu'accidentellement au droit commercial. — La* 2me *les* commerçans.

122. *Exemple. — L'agriculteur qui spécule sur l'achat de quelques coupes de bois n'est pas commerçant.*

123. *Quand on est censé faire du commerce* sa profession.

124. *Comment l'expression* habituelle *a été substituée à l'expression* principale *dans l'art.* 1er.

125. *On peut cumuler avec une autre profession celle de commerçant.* — *Exemple d'un* notaire *déclaré en état de faillite.*

126. *Le* chef d'une maison d'éducation *n'est pas commerçant.*

127. *Il ne fait même pas acte de commerce en achetant des denrées et autres objets pour l'approvisionnement de sa maison et pour les fournitures qu'il fait à ses élèves.*

128. *Celui qui prend des pensionnaires auxquels il ne fournit que la nourriture, fait acte de commerce en achetant et peut même être réputé commerçant.* — *Sont commerçans les* cabaretiers, *les* restaurateurs, *les* maîtres d'hôtels, *etc.*

129. *Quid des* maîtres de postes ? — Distinguer : — *Ceux qui ont des entreprises de diligences sont commerçans.* — *Ceux qui ne font que le service ordinaire ne sont pas commerçans.*

130. *Le maître de poste non commerçant ne fait pas acte de commerce en achetant des chevaux et des fourrages pour les besoins de son service.*

131. *Les* débitans de tabac, *les* débitans de poudres *ne sont pas commerçans.*

132. *Les* salpêtriers *sont commerçans.*

133. *Les* pharmaciens *sont commerçans.*

134. *Les* acteurs *ne sont pas commerçans.*

135. *Le* concessionnaire d'une mine *n'est pas commerçant.*

136. *Il en est de même du propriétaire qui fait exploiter pour son compte une* minière *ou une* carrière.

137. *Et de celui qui a établi une* briqueterie *sur son fonds.*

138. Aliud *de celui qui met en œuvre des matières extraites du fonds dont il n'a pas la propriété ; il est réputé commerçant.*

139. *Les tribunaux peuvent baser leurs décisions sur les écrits, sur les* présomptions *et sur la* preuve testimoniale, *lorsqu'ils ont à décider si un individu est commerçant.*

—

110. — Avant l'abolition des anciennes corporations, lorsque l'industrie commerciale était règlementée, il devenait facile de distinguer ceux qui possédaient la qualité de commerçans. On ne pouvait exercer le commerce qu'autant qu'on avait été admis à la maîtrise après un apprentissage propre à offrir des garanties de capacité et de moralité. Les commerçans étaient distribués dans des corporations régies par des règlemens spéciaux. Leur inscription sur le livre du corps auquel ils appartenaient attestait suffisamment leur qualité. L'ordonnance de 1673 déterminait dans son titre 1er, les principales conditions exigées pour être reçu marchand et les matières sur lesquelles les aspirans devaient être interrogés : elle se référait aux statuts règlementaires pour les détails particuliers. Cet état de choses se trouvait aboli, et la loi du 2 mars 1791 avait proclamé la liberté de l'industrie, lorsqu'on s'occupa de la rédaction du code de commerce. Sous l'empire de ce principe, lorsque l'exercice du commerce était permis à tous, la qualité de commerçant ne pouvait plus résulter que d'un ensemble de faits propres à signaler une profession. C'est comme conséquence de cet ordre de choses que le législateur a défini en tête du code les circonstances qui attribuent la qualité de commerçant (1).

---

(1) En Espagne la qualité de *commerçant* sert de base à l'état politique; elle n'appartient qu'à ceux qui sont inscrits sur la matricule des commerçans de leur province et qui se livrent habituellement au trafic commercial.

Ceux qui ne font qu'accidentellement des opérations de commerce, ne jouissent point des prérogatives attachées à la profession de commerçant et sont seulement soumis aux lois et à la juridiction commerciales pour les contestations qui peuvent s'élever à raison de ces opérations. (V. le tit. 1er du liv. I du *code de commerce espagnol.*)

Les commerçans étaient autrefois distribués dans six corps ou corporations.

Le premier corps était celui de la *draperie*, dans lequel se trouvait incorporé celui des drapiers-chaussetiers.

Le second corps était celui de l'*épicerie*, qui embrassait quatre états différens, les épiciers proprement dits, les ciergiers, les apothicaires et les confiseurs.

Le troisième corps était celui de la *mercerie*, qui était le plus important, parce qu'il pouvait faire, en gros, les mêmes négoces que les cinq autres corps. « Le corps de la mercerie fut ainsi appelé, dit Savary, lors de son institution en l'année 1407, par le roi Charles VI, parce que ce mot s'étend et s'applique universellement sur toutes sortes de marchandises et d'ouvrages indistinctement, ainsi que celui de *merx* en latin, en comprend aussi toutes les espèces; aussi, est-il plus noble que les autres corps qui sont mixtes, tenant tous un peu de l'artisan... »

Le quatrième corps était celui de la *pelleterie*, qui avait été jadis le premier et qui avait cédé son rang à celui de la draperie.

Le cinquième corps était celui de la *bonneterie*.

Le sixième corps était celui de l'*orfévrerie*.

Venaient ensuite de nombreuses communautés d'artisans qui prenaient aussi

111. — L'art. 1er du code de commerce est ainsi conçu : « Sont *commerçans* ceux qui *exercent des actes de commerce* et en font leur *profession habituelle.* »

Nous avons déjà vu quelle est l'étendue de l'expression COMMERÇANS. Elle embrasse dans sa généralité tous ceux qui spéculent par l'exercice d'une branche quelconque de l'industrie commerciale et de l'industrie manufacturière. Ainsi les *marchands,* les *manufacturiers,* les *fabricans,* les *banquiers,* les *agens de change,* les *courtiers,* les *commissionnaires,* les *messagistes,* sont tous *commerçans,* se trouvent soumis aux obligations générales qu'impose cette qualité, et sont admis à l'exercice des droits qu'elle attribue.

112. — Il importe de ne pas confondre l'*artisan* avec le *commerçant.* La loi elle-même les a séparément désignés dans quelques-unes de ses dispositions qu'elle leur a rendues communes (1308, 1326 C. civ.). L'artisan est celui qui exerce un art mécanique, un *métier,* et qui loue son travail moyennant une rétribution à laquelle on donne le nom de salaire. Il n'intervient qu'une location d'ouvrage entre lui et celui qui l'emploie; cette location n'offre aucun des caractères d'une spéculation commerciale. Il est vrai que l'artisan fournit quelquefois la matière qu'il met en œuvre; la convention faite avec lui peut alors participer tout à la fois de la vente et du louage (1); le louage même y prédomine dans la pensée du législateur, puisqu'il s'en est occupé dans le titre relatif à ce contrat (1787 C. civ.) (2). L'artisan ne saurait donc être considéré comme commerçant, il serait injuste de lui imposer les obligations auxquelles les commerçans sont astreints; il serait contraire au vœu de la loi de l'admettre à participer à l'exercice des prérogatives qu'elle attache à cette qualité.

---

le nom de marchands, tels que chapeliers, tanneurs, mégissiers, etc. — V. SAVARY, *Parfait négociant,* t. I, part. I, liv. I, chap. v, p. 30 et suiv.

Les *banquiers* n'étaient pas soumis à la maîtrise. Suivant une ordonnance du mois de septembre 1581, il fallait obtenir une autorisation pour exercer cette profession. L'ordonnance de Blois assujettissait même les étrangers à fournir un cautionnement de quinze mille écus pour être admis à faire la banque; mais ces ordonnances étaient tombées en désuétude, et à l'époque à laquelle écrivait Jousse, les étrangers qui résidaient en France pouvaient, comme les Français, faire la banque sans fournir caution (*Comment. sur l'art.* 6 *de l'ordonn. de* 1673).

(1) ZACHARIE, t. III, p. 45.

(2) DURANTON, XVII, n. 25. — DUVERGIER, IV, n. 335.

On fut bientôt amené à distinguer l'artisan du commerçant lorsque le code de commerce eut été publié. Les notaires demandèrent s'ils devaient se conformer, pour les contrats de mariage des artisans, aux prescriptions de l'art. 68 du code de commerce. Le grand-juge, consulté sur la question, lui donnait la solution suivante dans une lettre qu'il adressait, le 7 avril 1811, au procureur du roi de Deux-Ponts : «J'ai été consulté plusieurs fois, Monsieur, sur le sens à attacher au mot *commerçant* dans le cas de l'application de l'art. 69 du code de commerce, et j'ai toujours répondu que l'on devrait d'abord considérer comme tels tous *négocians, banquiers, fabricans* et *marchands,* mais qu'il ne paraissait pas qu'on dût ranger dans cette classe le simple artisan, qui, ne travaillant qu'à fur et mesure des commandes qu'il reçoit journellement, ne fait point de son état un objet de spéculation. Il serait, au surplus, difficile d'établir une règle bien précise à cet égard; c'est aux notaires à apprécier les circonstances dans les cas particuliers qui se présentent. »

113. — Cette solution nous paraît puisée dans une juste entente de la loi. Ainsi, par exemple, le *meunier* ne fait qu'exploiter un immeuble et louer son travail en recevant le grain de ses pratiques pour le convertir en farine ; il n'est donc pas commerçant. Il le deviendrait cependant, s'il spéculait en vendant habituellement des farines faites avec les grains qu'il aurait achetés.

114. — Le *tailleur* qui reçoit de ses pratiques le drap avec lequel il leur confectionne des vêtemens n'est pas commerçant, lors même qu'il fait habituellement des fournitures accessoires et qu'il emploie des ouvriers dans ses ateliers (1). « Il ne spécule que sur un louage d'ouvrage qui ne constitue pas à lui seul un acte de commerce, et qui n'est régi que par le droit civil» (1710, 1711, 1779) (1).

115. — Le *cordonnier* achète la matière première dont il se sert pour confectionner des chaussures. Mais lorsqu'il ne travaille qu'à mesure que des commandes lui sont faites, son industrie consiste plutôt dans un louage d'ouvrage que dans une spécula-

---

(1) « Lorsque j'envoie chez mon tailleur de l'étoffe pour me faire un habit, dit POTHIER, quoique le tailleur, outre sa façon, fournisse les boutons, le fil, même les doublures et les galons, notre marché n'en sera pas moins un contrat de louage, parce que l'étoffe que je fournis est ce qu'il y a de principal dans un habit » (*Du louage*, n. 394).

tion sur des achats de matières premières, pour les revendre après leur avoir fait subir une transformation. On ne peut pas dire que sa profession consiste à acheter pour revendre. On dira, au contraire, avec plus d'exactitude, que l'exercice de son état consiste principalement dans le louage de son travail. On ne devra donc pas le mettre au nombre des commerçans, d'après les principes que nous avons tracés.

116. — Il ne faut pas, pour cela, penser que ce cordonnier ne fera pas acte de commerce en achetant au marchand de cuirs les matières qu'il met en œuvre et qu'il revend lorsqu'il en a fait des chaussures. Seulement, comme ces actes de commerce ne constituent pas sa profession, ils ne pourront pas le faire réputer commerçant. Mais il n'en sera pas moins justiciable des tribunaux de commerce à raison de ses engagemens relatifs à ces achats (1). On peut faire des actes de commerce sans être commerçant, et se trouver soumis à la juridiction commerciale par rapport à ces actes seulement.

117. — Il en serait autrement s'il s'agissait du tailleur, du cordonnier qui exposent en vente des vêtemens et des chaussures confectionnés à l'avance et offerts au public. Dans ce cas, il ne s'agit plus de simples artisans, mais bien de marchands qui spéculent sur la vente des produits de leurs ateliers.

118. — Dans les affaires qui soulèvent des questions de cette nature, les tribunaux doivent apprécier toutes les circonstances de fait et examiner avec soin si elles offrent des spéculations qui puissent avoir une importance suffisante pour attribuer à ceux dont elles émanent la qualité de commerçans avec les obligations qu'elle impose et les droits dont elle investit. Il est même des individus qui achètent pour revendre et qu'il répugnerait de qualifier de commerçans à raison du peu d'étendue de leur trafic. Je ne saurais, par exemple, penser que le législateur ait entendu ranger dans la classe des commerçans et assujettir à tenir des livres le modeste industriel dont tout le fonds est renfermé dans une hotte ou étalé sur un éventaire. Je ne puis pas croire que la revendeuse qui gagne sa journée en achetant et en revendant des légumes doive, par cela seul qu'elle achète pour revendre, être considérée comme commerçante et être déclarée en état de faillite, si elle ne paie pas avec exactitude les quelques

---

(1) PARDESSUS, t. I, n. 77 et 81. — VINCENS, t. I, p. 144.

francs qu'elle peut devoir au jardinier qui lui a fait des fournitures. Ceux qui exercent ces modestes industries ne perçoivent, à titre de bénéfices, que la rétribution de leur travail journalier. On peut moins les considérer comme des spéculateurs faisant le commerce que comme des industriels qui se procurent du travail et un salaire à l'aide d'un modique capital.

On conçoit cependant que nous ne nous expliquons ainsi qu'à l'égard de ceux qui semblent placés hors de l'extrême limite du commerce. Une classification des professions industrielles basée sur leur importance eût suscité des difficultés nombreuses. Le législateur a préféré soumettre tous ceux qui font un commerce quelconque aux mêmes règles, parce qu'il a pensé que les tribunaux appliqueraient ces règles avec discernement.

119. — Après avoir ainsi constaté le sens légal attaché à l'expression *commerçant* et après avoir vu en quoi le commerçant diffère de l'artisan, revenons aux dispositions de l'art. 1er de notre code. Deux conditions sont exigées pour constituer la qualité de commerçant. Il faut *exercer des actes de commerce*, il faut faire de l'exercice de ces actes *sa profession habituelle.*

120. — Nous avons parcouru dans le premier chapitre de ce titre l'énumération que la loi donne des actes qu'elle considère comme actes de commerce. On conçoit que l'exercice de ces actes peut seul attribuer la qualité de commerçant. Le propriétaire qui fait des ventes nombreuses de bestiaux et de denrées, qui fait exécuter des travaux considérables sur ses domaines, qui fait subir des préparations à ses produits avant de les vendre, qui exploite des carrières et vend de la pierre, ne fait pas en cela des actes de commerce et ne saurait être réputé commerçant, quelque nombreuses que soient les opérations auxquelles il se livre : dès qu'elles se rattachent à l'exercice de l'industrie agricole, elles sont censées s'exécuter à l'aide du crédit foncier, et elles se trouvent régies par le droit civil.

121. — Nous avons déjà vu que le principe du libre exercice de l'industrie veut qu'il soit permis à tous de faire des actes de commerce. On conçoit cependant que celui qui ne se livre qu'à quelques opérations commerciales isolées, ne saurait être assimilé à celui qui fait de l'exercice du commerce sa profession. Dès lors, le législateur a été amené à soumettre au droit commercial deux classes de personnes. La première comprend toutes celles qui ne font pas de l'exercice du commerce leur profession et qui ne sont régies par la législation commerciale qu'autant qu'elles font des actes de commerce, et par rapport à ces actes de commerce seulement; la seconde comprend celles qui font de l'exercice du commerce leur profession habituelle, qui ont besoin de s'aider du crédit commercial, et auxquelles il importait, à raison des nombreuses opérations auxquelles elles se livrent, d'imposer certaines obligations et d'assurer l'exercice de certains droits.

122. — Ainsi l'agriculteur qui a acheté des coupes de bois à ses voisins pour en revendre le produit, ne saurait, à raison de quelques spéculations de cette nature, être réputé commerçant, parce qu'il n'a fait que quelques achats déterminés, sans entreprendre une série illimitée d'opérations constituant le commerce des bois. Il se trouvera régi par la législation commerciale quant à ces achats seulement; mais s'il ne remplit pas ses engagemens, s'il se laisse poursuivre aux époques fixées pour ses paiemens, il pourra se trouver en état de *déconfiture* (1), mais il ne pourra pas être déclaré en état de *faillite* (437).

123. — Au contraire, celui qui fait des actes de commerce est réputé commerçant, lorsque l'exercice de ces actes constitue sa profession. On fait du commerce sa profession lorsqu'on entreprend d'exploiter une ou plusieurs branches de l'industrie commerciale, sans se borner à un nombre déterminé d'opérations particulières.

124. — Le projet du code de commerce communiqué au tribunat qualifiait de commerçans, « ceux qui exercent des actes de commerce et en font leur profession *principale*. » Le tribunat fit observer que cette dernière expression pourrait engager des individus qui concilieraient l'habitude des faits de commerce avec une profession quelconque, à représenter celle-ci comme leur *profession principale*, afin de se soustraire à l'application des lois particulières qui régissent les commerçans. Ces observations firent substituer au mot *principale* le mot *habituelle* qu'on trouve dans l'article 1er (2).

125. — On peut, en effet, cumuler avec une autre profession l'exercice habituel du commerce, et devenir commerçant lors même que l'une des deux professions semblerait devoir exclure

---

(1) V. sur les différences qui distinguent la simple *déconfiture* de la *faillite*, ce que nous disons au tit. Ier du liv. III.

(2) Locré, *Législation civile et commerciale*, etc., t. XVII, p. 299.

l'exercice de l'autre. Il n'est pas sans exemple que des notaires se livrent habituellement à des opérations de banque, qui dénaturent leurs fonctions et qui les amènent à spéculer avec les fonds de leurs cliens dont ils ne devraient être que les dépositaires. Il est alors juste que ceux qui ne trouvent plus en eux les garanties que leur position d'officiers publics devait leur offrir, ne soient pas privés de celles que peut leur fournir le droit commercial.

Aussi le tribunal de commerce et la cour royale de Paris réputèrent commerçant et déclarèrent en faillite un notaire qui s'était livré à des opérations de banque et de courtage. Il y eut pourvoi contre l'arrêt; mais ce pourvoi fut rejeté par la chambre des requêtes de la Cour de cassation, présidée par M. Henrion de Pansey, le 28 mai 1828 (1).

126. — Il est des professions étrangères au commerce dont l'exercice peut cependant offrir des spéculations accessoires sur des achats et des reventes de marchandises et de denrées. Par exemple, le *chef d'une maison d'éducation* dans laquelle on reçoit des pensionnaires, achète les denrées nécessaires pour leur nourriture, l'ameublement des locaux qu'ils occupent, les livres nécessaires pour leurs études, et souvent même leur vestiaire. Il retrouve ensuite le montant de tous ces objets dans le prix de la pension, et il est exact de dire qu'il n'achète que pour revendre et pour louer avec bénéfice. Il semble dès-lors que ces fournitures, qu'il fait habituellement, doivent constituer des actes de commerce et le faire mettre au nombre des commerçans.

Cependant il n'en est pas ainsi : la cour de Paris faisait justement remarquer, dans ses *Observations* sur le projet du code de commerce, que ceux qui professent des arts libéraux, comme font les instituteurs et maîtres de pensionnat, s'occupent essentiellement de l'instruction, quoique leur état comporte des fournitures qui constituent des achats de choses destinées à être revendues. « Les fournitures ne sont qu'un *accessoire*, disait-elle ; le *principal*, ce qui caractérise l'état, c'est l'*instruction* qu'on ne peut, en ce cas, qualifier de marchandise (2). » Ces observations sont pleines de justesse : il n'eût pas été convenable de classer parmi les commerçans ceux qui exercent une profession dans laquelle l'élé-

---

(1) Sirey, XXVIII-1-269. — V. Orillard, n°s 137 et 145.

(2) *Observations des tribunaux*, t. I, p. 414.

ment commercial ne peut tout au plus former qu'un accessoire. Le tribunal de Paris s'était cependant écarté de cette doctrine, en déclarant en état de faillite un nommé Ruault, maître de pension contre lequel des poursuites en banqueroute frauduleuse furent même dirigées. La chambre des mises en accusation de la cour royale de Paris le renvoya devant la cour d'assises; mais par suite de son pourvoi, il intervint un arrêt de la chambre criminelle de la Cour de cassation, en date du 23 novembre 1827, rendu sur le rapport de M. Mangin, qui cassa celui de la cour de Paris et qui ordonna la mise en liberté du sieur Ruault. Nous croyons devoir rapporter les motifs remarquables qui servent de base à cette décision : « Attendu, dit la Cour, que le but *principal* de celui qui ouvre une maison d'éducation n'est pas la revente des objets qu'il achète pour la nourriture et l'entretien de ses élèves; que ce qu'il se propose surtout, c'est de développer l'intelligence de ceux qui lui sont confiés, de les instruire de leurs devoirs et de les former à la vertu; *que les bénéfices qu'il peut faire sur les denrées qui se consomment dans cette maison ne sont qu'un accessoire très-secondaire de l'objet principal de son établissement;* qu'aussi les établissemens de ce genre n'ont point été placés par la loi au nombre de ceux qu'elle répute actes de commerce; qu'il a été formellement reconnu par le conseil d'État, lors de la discussion de l'art. 632 du code de commerce, qu'ils ne devaient point y être compris (1); qu'il eût été inconvenant en effet, d'assimiler à une spéculation mercantile le noble emploi que fait de son temps et de ses talens l'homme qui les consacre à l'éducation de la jeunesse (2). »

127. — Tout en reconnaissant que le maître d'un pensionnat n'est pas commerçant, on peut encore se demander s'il fait acte de commerce en achetant les fournitures nécessaires à la consommation de ses élèves et s'il est justiciable, à raison de ces achats, de la juridiction commerciale. La cour d'Angers eut à s'occuper de la question le 14 février 1827, au sujet d'une demande inten-

---

(1) La Cour veut parler de la rédaction présentée par la section de législation du conseil d'État, qui déclarait d'une manière expresse, que les maîtres de pensionnat n'étaient pas soumis à la juridiction commerciale. Cette rédaction ne fut pas adoptée, parce que le projet de la section de l'intérieur obtint la priorité; mais le législateur n'en consacra pas moins le principe (V. Locré, *Esprit du code de commerce*, t. VIII, p. 301).

(2) Sirey, XXVIII-1-188.

tée par une bouchère contre un maître de pension qu'elle avait cité devant le tribunal de commerce de Lille. Les premiers juges rejetèrent le déclinatoire; mais leur jugement fut annulé sur l'appel. La cour considéra *que la nourriture n'est fournie aux élèves que comme accessoire de l'éducation;* qu'un maître de pension ne fait pas acte de commerce en achetant les objets nécessaires à la nourriture de *sa famille* et de ses élèves.

Cette décision nous paraît bien rendue, car il est exact et convenable d'assimiler les achats que fait un maître de pension pour l'approvisionnement de sa maison à ceux d'un père de famille, qui ne fait pas acte de commerce en se procurant les denrées et autres objets nécessaires pour la consommation de son ménage (638). Il serait d'ailleurs contraire aux convenances sociales, que la loi ne perd jamais de vue, de soumettre à la juridiction commerciale et à la contrainte par corps, par rapport aux achats qu'ils sont dans la nécessité de faire, le ministre de la religion qui se voue à l'enseignement de la jeunesse, le membre de l'université qui enseigne la science et qui dirige un établissement dans lequel il vit avec ses élèves (1).

128. — Cette solution ne doit pas nous empêcher de reconnaître que celui qui prend des pensionnaires auxquels il fournit la nourriture seulement au mois et à l'année fait acte de commerce lorsqu'il achète des vivres. Il serait même considéré comme commerçant, si l'exercice de cette industrie constituait sa profession habituelle. Il en est à plus forte raison ainsi du cabaretier, du restaurateur, du maître d'hôtel, qui se pourvoient de denrées et de comestibles pour les revendre, qui achètent des meubles pour en louer l'usage. Ces spéculations font l'objet unique et principal de leur profession, elles constituent toutes des actes de commerce.

129. — On a à examiner si ceux qui sont commissionnés par le gouvernement pour certains services ou pour exercer certaines industries doivent être réputés commerçans.

La question s'est présentée par rapport aux maîtres de poste. On doit d'abord reconnaître que ceux d'entre eux qui sont associés dans des entreprises de diligences, ou qui ont établi en

---

(1) *Junge* PARDESSUS, t. I, n. 15. — VINCENS, t. I, p. 133. — Cour de Paris, 19 mars 1814, 19 mars 1831 et 16 janvier 1835 (SIREY, XVI-2-85; — XXXI-2-306; — XXXV-2-199).

leur nom des voitures publiques, font en cela acte de commerce et doivent être réputés commerçans comme entrepreneurs de transports (632). C'est ce qui a été jugé par un arrêt de la cour de Bordeaux contre lequel le pourvoi a été rejeté par arrêt de la Cour de cassation rendu par la chambre des requêtes le 6 juillet 1836 (1).

Mais il n'en serait pas de même s'il s'agissait des maîtres de poste qui se bornent à faire le service qu'ils doivent en cette seule qualité. Le gouvernement, dans des vues d'intérêt public, s'est réservé le monopole du transport des lettres et de la fourniture des relais sur les routes. Il fait exécuter le service que ce monopole nécessite par des maîtres de poste établis de distance en distance sur les voies publiques où ils sont obligés d'entretenir des chevaux et d'avoir des postillons pour fournir des relais aux malles-postes qui transportent les lettres et aux voyageurs. Ils sont rétribués, d'après des tarifs qui fixent leurs droits, par le gouvernement pour la partie du service qui le concerne, par les particuliers eux-mêmes pour les chevaux qui leur sont fournis, et par les entrepreneurs de voitures publiques pour l'indemnité qui leur est due à raison des chevaux qu'ils ne fournissent pas (2).

Les maîtres de poste sont donc des *agens commissionnés d'un service public*. Ils sont les *préposés de l'administration*, qui peut leur retirer leur commission sans avoir à justifier d'aucun motif, et sauf l'indemnité qui pourrait leur être due en qualité d'entrepreneurs d'un service public, si ce service, qui nécessite des avances, leur était retiré hors des cas prévus par la loi (3).

On ne voit donc rien de commercial dans l'entreprise des maîtres de poste. Vainement voudrait-on les assimiler aux fournisseurs qui passent des marchés avec l'État pour prétendre qu'ils spéculent sur les bénéfices qu'ils peuvent faire en achetant et entretenant des chevaux pour les louer aux prix fixés par les règlemens. On répondrait qu'ils sont les *préposés de l'État*, et que leurs

---

(1) Sirey, XXXVI-1-694.

(2) V. les lois des 24 juillet 1793 et 19 frimaire an VII; le règlement du 1er prairial an VII; la loi du 15 ventôse an XIII, et l'ordonnance du 25 décembre 1839.

(3) Ordonnances du roi en conseil d'État des 30 août 1832, 22 février 1833 et 17 janvier 1834.

bénéfices constituent les émolumens qui leur sont dûs à raison du service qu'ils font pour son compte.

Aussi, loin de les considérer comme commerçans, la loi n'a pas voulu qu'ils fussent sujets à l'impôt de la patente qui frappe l'industrie commerciale : « Les maîtres de poste ne sont point sujets à la patente, porte l'art. 6 de la loi du 19 frimaire an VII, *pour l'exercice public dont ils sont chargés;* ils sont seulement astreints à faire enregistrer leurs commissions au greffe de leurs municipalités respectives (1). »

130. En reconnaissant que les maîtres de poste ne sont pas commerçans, et qu'il n'est nullement dans le vœu de la loi qu'ils soient déclarés en état de faillite lorsqu'ils ne font pas honneur à leurs engagemens, il faut aussi décider qu'ils ne sont pas justiciables des tribunaux de commerce à raison des achats de chevaux, de harnais et de fourrages qu'ils font pour le service qui leur est confié. Sans doute, on peut faire acte de commerce sans être commerçant, lorsqu'on achète pour revendre ou pour louer (632); mais il ne faut pas perdre de vue que les achats faits par les maîtres de poste sont étrangers à l'industrie commerciale et n'ont pour objet que le service public dont ils sont chargés. Ce service est rétribué, comme nous l'avons dit, par un salaire perçu en partie du gouvernement, et en partie du public. Ils doivent donc être cités devant les tribunaux civils à raison des achats qui sont nécessités par les besoins du service qu'ils font au nom de l'administration (2).

131. On doit à plus forte raison reconnaître que *les débitans de tabac* qui reçoivent le tabac de l'administration des contributions indirectes à un prix fixe, pour le revendre également à un prix fixe, ne sont pas commerçans. On ne peut les considérer que comme des *préposés* d'une administration publique rétribués proportionnellement à la quotité des ventes qu'ils font. Il en est de même des débitans de poudre à tirer. Cependant, s'ils vendaient, en même

---

(1) La cour de Bruxelles réforma, le 11 janvier 1808, un jugement qui rangeait un maître de poste dans la classe des commerçans (SIREY, VIII-2-95). — V. aussi un arrêt de la cour de Limoges, du 1er juin 1811, rapporté par DALLOZ, v° *Commerçant*, p. 705. — V. dans le sens contraire ORILLARD, n. 295.

(2) DALLOZ, *ubi suprà*. — *Contrà*, PARDESSUS, t. I, n° 16. — Cour de Paris, 6 octobre 1813 (SIREY, XIV-2-355).

MODE DE PUBLICATION.

Le TRAITÉ DE DROIT COMMERCIAL formera trois forts volumes in-8° qui seront publiés en 12 livraisons de dix feuilles au moins chacune. — La deuxième livraison, qui contiendra le titre entier *des sociétés*, est sous presse. Les autres paraîtront successivement à des intervalles rapprochés.

CORBEIL. — IMPRIMERIE DE CRÉTÉ.

www.ingramcontent.com/pod-product-compliance
Ingram Content Group UK Ltd.
Pitfield, Milton Keynes, MK11 3LW, UK
UKHW022110260726
13993UKWH00001B/420